¿Mi hijo es tímido?

María Inés Monjas Casares

¿Mi hijo es tímido?

EDICIONES PIRÁMIDE

COLECCIÓN «GUÍAS PARA PADRES»

Director:
Francisco Xavier Méndez
Catedrático de Tratamiento Psicológico Infantil
de la Universidad de Murcia

Diseño de cubierta: Gerardo Domínguez
Maquetación: Grupo Anaya

Reservados todos los derechos. El contenido de esta obra está protegido por la Ley, que establece penas de prisión y/o multas, además de las correspondientes indemnizaciones por daños y perjuicios, para quienes reprodujeren, plagiaren, distribuyeren o comunicaren públicamente, en todo o en parte, una obra literaria, artística o científica, o su transformación, interpretación o ejecución artística fijada en cualquier tipo de soporte o comunicada a través de cualquier otro medio, sin la preceptiva autorización.

© María Inés Monjas Casares
© Ediciones Pirámide (Grupo Anaya, S. A.), 2004
Juan Ignacio Luca de Tena, 15. 28027 Madrid
Teléfono: 91 393 89 89
www.edicionespiramide.es
Depósito legal: M. 19.553-2004
ISBN: 84-368-1876-8
Printed in Spain
Impreso en Lavel, S. A.
Polígono Industrial Los Llanos. Gran Canaria, 12
Humanes de Madrid (Madrid)

*A la memoria de mi padre,
que siempre fue un niño tímido.
A Ricardo y a Roberto.*

Índice

Presentación 13

¿Por qué este libro? 14
Destinatarios 15
Objetivos 16
Estructura del libro 17
Algunas aclaraciones previas 19

1. ¿Qué significa ser un niño tímido? 21

¿Qué consideramos un niño tímido? 23
Qué es y qué no es ser un niño tímido 28
    Niños poco sociables 31
    Niños inhibidos y pasivos 32
¿Es la timidez un problema importante en la infancia? 35
Pero no siempre es un problema 37
Es normal cuando... Es problema cuando... Es alarmante cuando... 38
Aparición de la timidez 41
¿Dónde, con quién, cuándo se dispara la timidez? 42
¿Cómo se explica generalmente la timidez? 44
¿Por qué no se presta atención a las conductas de timidez? .. 45
Timidez y cultura 48
Timidez y género 48
La timidez ayer, hoy y mañana 49
¿Es la timidez un problema frecuente en la infancia y en la adolescencia? 50
¿Mi hijo es tímido? 51
¡Ojo a la etiqueta de tímido! 52
Tareas 53

2. **¿Qué les pasa al niño y al joven tímido?** 55

¿Qué hace o dice?, ¿qué deja de hacer? 59
  Deficiencia o inadecuación de habilidades sociales 59
  Exceso de conductas solitarias e inactividad 65
  Respuestas de evitación y escape en situaciones interpersonales 66
¿Qué piensa?, ¿qué se dice a sí mismo?, ¿qué imagina? 68
  Pensamientos negativos 68
  Autolenguaje negativo 71
  Autoconciencia excesiva y desatención a las otras personas ... 72
¿Qué siente?, ¿qué sensaciones corporales experimenta? 73
  Autoestima y autovaloración negativa 73
  Ansiedad social y miedos 74
  Emociones negativas 75
  Sensaciones corporales de incomodidad y malestar 77
Tareas 78

3. **¿Por qué se es tímido?** 81

Desarrollo social 83
  La socialización 84
  Familia y desarrollo social: el apego 86
  Estilos educativos parentales 89
  Necesidades socioemocionales en la infancia y adolescencia ... 93
  Relaciones entre iguales: importancia y funciones 96
  Evolución de la conducta social en la infancia y en la adolescencia 100
Causas de la timidez 103
  Se nace tímido 104
  Se aprende a ser tímido 106
  La timidez no tiene una sola causa 113
Desarrollo, mantenimiento y fortalecimiento de la timidez ... 116
Tareas 121

4. **¿Qué consecuencias y pronóstico tiene ser un niño tímido?** 125

La timidez está asociada con otros problemas 127
  Problemas de aceptación social: ignorancia, rechazo y exclusión social 128
  Intimidación o maltrato entre iguales 131
  Maltrato infantil y abuso sexual 134

¿Bajo rendimiento escolar? 135
Conductas desajustadas en la adolescencia 136
Estabilidad de las conductas de timidez 137
Futuras consecuencias de la timidez 138
Tareas 140

5. ¿Qué se puede hacer?, ¿cómo puede ayudar a su hijo tímido? 145

Consideraciones iniciales 147
   Cada niño tímido es único 148
   ¿Necesita ayuda profesional especializada? 148
   ¿Qué hacer?, ¿por dónde empezar? 150
   Reflexión inicial en la pareja o familia: ¿de dónde se parte? ... 151
   Toma de decisión: ¿qué está dispuesto a hacer? 152
   Qué quiere conseguir: objetivos y habilidades 154
¿Cómo hacerlo? 157
   Recomendaciones generales 159
   Actividades lúdicas y pasatiempos 168
   Trabajo directo 183

Comentarios finales 193

Soluciones de las tareas 195

Lecturas recomendadas 197

Literatura infantil y juvenil 199

Presentación

No hay cosa que más satisfacción produzca en los padres que comprobar cómo sus hijos crecen sanos y felices, satisfechos consigo mismos, relacionándose con sus amigos, disfrutando y sabiendo afrontar, por ellos mismos y con la ayuda de otras personas, los múltiples y variados retos y desafíos que se van encontrando en la vida. Por el contrario, comprobar que un hijo es infeliz, no tiene amigos, se retrae de la vida social, no disfruta, se encuentra insatisfecho, lo pasa mal y sufre, genera un gran desconcierto, inquietud y, en muchos casos, sufrimiento en los padres.

> *Estimada profesora:*
> *Tenemos una hija, Cristina, de 5 años que es muy tímida; lo ha sido siempre, pero esto se acentúa cada vez más y lo comprobamos en cada momento cuando comparamos su conducta con la de sus hermanos.*
> *Estamos muy preocupados porque, aunque nos dicen que no es nada importante y que cambiará con la edad, no sabemos qué hacer. Sabemos que no le pasa algo muy malo porque ella, a su manera, hace la vida normal de una niña de su edad, pero vemos que no es feliz como lo son sus hermanos, que se ríen y están todo el día deseando estar con sus amigos, y esto cada día nos angustia más. Hemos probado distintas cosas desde dejarla a su aire hasta obligarla, pero vemos que no nos dan resultado.*

> *¿Qué cree usted que podemos hacer?, ¿dónde podemos pedir ayuda especializada para que nos orienten?*
>
> (Extracto de uno de los *e-mail* de los padres de Cristina.)

Aunque todos los padres desean lo mejor para sus hijos, cuando tienen un hijo tímido, generalmente están muy desorientados, no saben qué hacer, no saben si lo que hacen es adecuado y llegan incluso a hacer cosas que son totalmente inadecuadas para ayudar a su hijo.

¿Por qué este libro?

Son principalmente tres las razones que nos han llevado a escribir este libro.

En primer lugar, el olvido y el descuido de este tema. La timidez en la infancia y en la adolescencia es un fenómeno al que se presta muy poca atención científica, profesional o divulgativa.

En segundo lugar, la necesidad de informar y sensibilizar a las familias y al profesorado, ya que existen una serie de creencias erróneas y falsas expectativas respecto a las conductas de timidez y se piensa que es algo pasajero y transitorio que disminuirá y desaparecerá con el tiempo o que es un problema que mejorará con la edad y por ello no se suele buscar ayuda especializada ni prestar una atención educativa o psicopedagógica especial.

> *Siempre he estado en segundo plano, olvidado por todos, incluso por los profesores que pasaban de mí porque yo no les daba problemas ya que siempre obedecía y hacía lo que me mandaban. No se daban cuenta de que yo estaba pidiendo ayuda a gritos.*
>
> (Estudiante de 3.º de Telecomunicación.)

Sin embargo, un niño no nace tímido; lo aprende a lo largo de su desarrollo evolutivo. La conducta del niño no es algo meramente personal e individual, sino que tiene mucho que ver con lo que ocurre a su alrededor y con lo que hacen o dejan de hacer las personas que le rodean, su contexto interpersonal más cercano. Los padres intervienen de manera decisiva en este período de edad.

La tercera razón es que las investigaciones actuales evidencian que la timidez en esta edad es, en sí misma, un problema que causa malestar y sufrimiento al propio niño o niña y puede constituir una seria dificultad para su desarrollo sociopersonal, llegando a ser factor de riesgo que predice problemas emocionales y de personalidad en la adolescencia y en la vida adulta.

Destinatarios

Esperamos que este libro sirva de ayuda a padres y profesionales:

— Padres de niños tímidos y retraídos, padres de niños con pocos amigos o que tienen problemas en sus relaciones con los demás.

— Padres en general como forma de mejorar su competencia parental y por tanto como estrategia de prevención de problemas de timidez y retraimiento en sus hijos.

— Profesionales que trabajan con infancia y adolescencia y con familias (profesorado, psicólogos, psicopedagogos, educadores sociales, pediatras...), ya que da orientaciones de cómo asesorar y qué hacer con los padres. Los estudiantes de estas carreras encontrarán orientaciones para incorporar a su rol profesional determinadas estrategias para prevenir y actuar con infantes y adolescentes tímidos.

Objetivos

Los objetivos principales que pretendemos son:

1. Sensibilizar y motivar a familia y profesionales para que se dé a la timidez la importancia que tiene.

    — Motivar a que los padres reflexionen y encuentren respuestas a algunas preguntas que se hacen sobre sus hijos.
    — Hacer conscientes a los padres de las limitaciones y dificultades de su hijo tímido.
    — Estimular su interés y motivarles para que se impliquen y tomen responsabilidades en enseñar conductas interpersonales a sus hijos tímidos, pero también a los que no lo son.

2. Informar, orientar y asesorar.

    — Informar de las características, implicaciones y consecuencias de la timidez.
    — Aprender a detectar e identificar estas conductas en el contexto familiar.
    — Conocer recursos y estrategias sobre qué hacer para mejorar la situación de las niñas y niños tímidos.
    — Aprender distintas habilidades para ayudar a cambiar la conducta del niño tímido.

En síntesis se pretende incrementar las competencias como padres para que sean eficaces en la educación de sus hijos e hijas y puedan abordar los problemas actuales y prevenir futuras dificultades. Esto supone un cambio en la forma de ser padres y conlleva aprender y practicar nuevas formas de pensar, sentir y actuar respecto a los hijos.

Estructura del libro

El libro consta de cinco capítulos. El capítulo 1, «¿Qué significa ser un niño tímido?», trata de aclarar el concepto de timidez en la infancia y en la adolescencia, diferenciándolo de conceptos similares y ofrece una visión general de la timidez. El capítulo 2, «¿Qué les pasa al niño y al joven tímido?», describe, de forma detallada, el perfil conductual del niño tímido referido a lo que hace o dice, piensa y siente. En el capítulo 3, «¿Por qué se es tímido?», primeramente se aborda el desarrollo social, para pasar después a analizar, más detenidamente, las distintas teorías que pretenden explicar las causas de la timidez. El capítulo finaliza con una descripción de los principales mecanismos implicados en el desarrollo, mantenimiento y fortalecimiento de la timidez. El capítulo 4, «¿Qué consecuencias y pronóstico tiene ser un niño tímido?», se dedica a los problemas asociados a la conducta de timidez y apunta a la estabilidad del retraimiento desde la temprana infancia hasta edades posteriores, señalando además el riesgo de futuros trastornos psicopatológicos. El capítulo 5, «¿Qué se puede hacer?, ¿cómo puede ayudar a su hijo tímido?», se centra en estrategias para ayudar. A partir de la reflexión en la pareja o familia y la toma de decisión respecto a la implicación y dedicación, se plantean los objetivos que se quieren lograr. Posteriormente, con una intención muy práctica, se presentan tres estrategias de actuación. En primer lugar se ofrecen unas recomendaciones generales de cosas a hacer y a evitar con un niño tímido; en segundo lugar se presentan una serie de actividades lúdicas y pasatiempos y para finalizar se describe una estrategia más sistemática de actuación.

Nuestro interés y consejo es que haga una lectura activa de este libro y para ello hemos incorporado varios aspectos: preguntas, casos y ejemplos, tareas y ejercicios de autocomprobación. Como rápidamente apreciará el lector, éste es un libro lleno de *preguntas*, muchas de las cuales están recogidas de las que me han planteado los estudiantes, los profesionales y los padres en charlas, cursos y consultas. ¿Por qué tantas preguntas? Queremos estimular a que cada lector, padre, profesional o estudiante, reflexione y se haga sus propias cuestiones. A muchas daremos respuesta nosotros, son las contestaciones que da la ciencia y las derivadas dé la experiencia profesional, pero además, queremos que cada lector se dé sus propias respuestas.

A lo largo del desarrollo del libro aparecen distintos *casos y ejemplos* con el objetivo de facilitar y hacer más cercanos los contenidos. Los casos que se presentan son ficticios y están «construidos» basándonos en ejemplos reales, utilizando fragmentos de diarios íntimos de adolescentes y testimonios y frases textuales de las y los implicados.

Las *tareas,* actividades y ejercicios de comprobación tienen el propósito de ayudar al logro de los objetivos que pretendemos, es decir, que el lector se motive, adquiera conocimientos, practique con su hijo... Será estupendo si trata de hacer estas actividades y pone en práctica las sugerencias. En el capítulo 5, las tareas están diseminadas a lo largo de todo el desarrollo, por eso no se contemplan al final.

Para un adecuado aprovechamiento le pedimos que vaya leyendo el libro tranquilamente desde el principio y en el orden escrito; que vaya haciéndose las preguntas que planteamos y que también vaya realizando las tareas que proponemos. Como padre preocupado y responsable esperamos que analice, reflexione y vaya incorporando a su repertorio de conductas aquello que le parece más adecuado para usted, su familia y su hijo.

El libro está redactado en singular porque es una persona la que lo va leyendo, pero sería importante que simultáneamente fueran varias personas (madre y padre, padre y abuela...) las que lo lean para poder comentar, contrastar puntos de vista, debatir dudas y buscar estrategias de actuación conjunta. De todas formas le sugerimos que aproveche y comente con su pareja, con sus compañeros de trabajo, con familiares y amigos que tengan hijos, algunas de las cuestiones que planteamos o que le vayan surgiendo.

Algunas aclaraciones previas

Antes de proceder al inicio es necesario hacer unas aclaraciones:

- No hay timidez, sino niños, niñas y adolescentes tímidos, ya que la timidez no se presenta de modo uniforme. Cada niño tímido es un mundo; no existe la timidez en sí, sino que existen niñas y niños tímidos, con sus peculiaridades y características concretas; por eso aunque hablamos de ser tímido nos referimos a tener una conducta tímida y retraída.
- Hablamos principalmente de niños tímidos, pero los contenidos son también aplicables a adolescentes y jóvenes con problemas de inhibición y timidez.
- Nos referimos a familia, padre y madre, pero teniendo en cuenta el profundo cambio experimentado en la forma de concebir la familia en los últimos tiempos, bajo estos términos incluimos, no solo la familia tradicional, sino todo tipo de familias como pueden ser la monoparental, la homoparental o las múltiples.

— Utilizamos el género masculino (niño, padre, profesor, compañero) para hacer más sencilla la lectura, pero nuestro planteamiento es claramente no sexista.

— Nuestro interés se centra en aquellos problemas de timidez y retraimiento social cuya severidad no es extrema y pueden por tanto abordarse desde el contexto normalizado (escolar y/o familiar). Cuando el problema es grave y/o está causando dificultades importantes al niño o a la familia, aconsejamos ayuda terapéutica especializada a través de psicólogos y paidopsiquiatras. La sola lectura de este libro no puede reemplazar la consulta de un buen profesional de psicología infantil y juvenil.

1 ¿Qué significa ser un niño tímido?

¿Qué consideramos un niño tímido?
Qué es y qué no es ser un niño tímido.
  Niños poco sociables.
  Niños inhibidos y pasivos.
¿Es la timidez un problema importante en la infancia?
Pero no siempre es un problema.
Es normal cuando... Es problema cuando... Es alarmante cuando...
Aparición de la timidez.
¿Dónde, con quién, cuándo se dispara la timidez?
¿Cómo se explica generalmente la timidez?
¿Por qué no se presta atención a las conductas de timidez?
Timidez y cultura.
Timidez y género.
La timidez ayer, hoy y mañana.
¿Es la timidez un problema frecuente en la infancia y en la adolescencia?
¿Mi hijo es tímido?
¡Ojo a la etiqueta de tímido!
Tareas.

— ¿De qué y de quién hablamos cuando nos referimos a los niños tímidos?
— ¿Qué niños están solos muchas veces?, ¿qué niños no tienen amigos o tienen muy pocos?
— ¿Qué niños se retraen y «se cortan» ante otra gente?, ¿qué niños temen a los otros?, ¿qué niños lo pasan mal cuando están con gente?
— ¿Es lo mismo ser tímido que ser retraído?

¿Qué consideramos un niño tímido?

Patricia tiene cuatro años y cuando va con su padre y con su hermano al parque, siempre permanece sola, cerca de su padre, mirando a los niños que juegan, pero no participa en sus juegos.

Cuando otro niño se acerca y le dice algo, ella se retrae y echa a correr hacia su padre. Cuando un adulto le pregunta algo, baja la cabeza y se mete entre las piernas de su padre... y le dice que se quiere ir a casa.

Jaime tiene 9 años y es un chico listo e inteligente que saca muy buenas notas, aunque, en opinión de sus padres, no estudia mucho. Se pasa el día en su habitación con el ordenador, las maquinitas y las construcciones. Lo malo es cuando tiene que estar con la gente; entonces se pone nervioso, está incómodo, se quiere ir y pone disculpas para marcharse enseguida.

Sólo está a gusto con un primo suyo un año menor con el que juega y se divierte algunos fines de semana que se ven.

Laura es una adolescente de 15 años que estudia 4.º de la ESO.

Sus padres relatan que en casa es muy callada y no se comunica más que lo estrictamente necesario. «Siempre ha sido una niña muy callada, que no contaba muchas cosas y a la que le gustaban las actividades solitarias: play station, la lectura y la música... Pero ahora, aunque yo le hago muchas preguntas, no podemos sacarle nada», dice su madre.

Apenas sale de casa y no tiene amigas. La orientadora del centro ha llamado a sus padres porque en este trimestre ha pegado un bajón en las notas. Los profesores se quejan de que está ausente y muy rara.

Arturo es un estudiante universitario; estudia 2.º de Filosofía y Letras, carrera que no le gusta nada. Le encantaba estudiar veterinaria, pero lo rechazó porque tenía que irse a estudiar a otra ciudad y le horrorizaba salir de su familia y tener que afrontar el vivir en una residencia universitaria o en un piso con otros compañeros.

El año pasado aprobó todo, pero este curso está teniendo problemas ya que ha estado sin ir a clase cerca de dos meses debido a una intervención quirúrgica... y no se ha presentado a los exámenes cuatrimestrales porque no se ha atrevido a pedir los apuntes a los compañeros ni a explicar su situación a los profesores.

Patricia, Jaime, Laura y Arturo tienen algo en común; independiente de su edad, sexo, historia personal o familia, tienen dificultades para relacionarse con otros niños o chicos y para participar en la vida social, evitan el contacto social, se retraen, temen a los demás, se sienten incómodos y lo pasan mal cuando están con otras personas. Podemos decir que Patricia, Jaime, Laura y Arturo son niños o jóvenes tímidos. Consideramos tímidos a:

los niños y adolescentes que generalmente se relacionan poco con otros niños o adolescentes y lo hacen además con temor y recelo, por lo que con frecuencia tienden a evitar el contacto social.

Para tener un concepto más claro de lo que significa ser un niño o adolescente tímido es importante tener en cuenta cuatro aspectos que tienen que ver con la conducta tímida y retraída:

1. *El niño tímido se relaciona poco con otros niños y niñas*

Tiene escasa interacción social y se relaciona menos de lo que es habitual en los niños de su edad; en general tiene pocos amigos y es poco sociable; permanece mucho tiempo solo o relacionándose, casi exclusivamente, con una o dos personas. También se relaciona poco con los adultos, especialmente cuando son desconocidos o le resultan poco familiares.

Es por este motivo por el que la timidez se considera un problema de relaciones interpersonales ya que los tímidos presentan dificultades en sus relaciones cotidianas con los demás y no interactúan adecuadamente con sus compañeros ni con los adultos; mantienen relaciones insuficientes e insatisfactorias con ellos.

En este punto conviene poner de relieve que el niño tímido es poco sociable, pero sí le gustaría serlo y poder estar con otros; le encantaría relacionarse más y con más soltura y espontaneidad, justamente como hacen sus colegas y amigos. El niño tímido está impulsado a aproximarse a otros, quiere jugar, charlar y estar con sus compañeros, pero esta tendencia simultáneamente es inhibida por otra tendencia de evitación de las situaciones interpersonales. En determinados casos desea relacionarse, sabe cómo hacerlo, pero *no puede*. El niño tímido a veces trata desesperadamente de integrarse en su grupo de iguales, pero no sabe cómo hacerlo y/o está muy asustado y agobiado. Envidia a los demás niños que muestran soltura relacionándose con otros, conversando, riéndose y gastándose bromas.

2. *El niño tímido se relaciona con temor y recelo*

Los niños tímidos no disfrutan de los contactos sociales y eso se les nota ya que cuando están con gente están incómodos, pasan apuros, se muestran cortados, vergonzosos, inseguros, torpes, nerviosos y temerosos, se ponen colorados, sudan, tartamudean y lo pasan mal.

Pero, ¿a qué temen los niños tímidos? Temen a las otras personas a las que ven como un peligro y como una amenaza.

Se han identificado dos clases de miedos: a los desconocidos y a la evaluación social.

El miedo a los desconocidos se refiere a inhibición y retraimiento cuando aparece una persona extraña en una situación no habitual.

Esta tarde, Carlos (12 años) volvía de hacer un recado, cuando se le acercó un chico más mayor que dijo ser de su instituto, pero que él no conocía de nada y le empezó a hablar. Carlos se puso nervioso y echó a correr sin apenas decirle nada.

El miedo a la evaluación social se refiere a un temor a ser evaluado negativamente por las demás personas, no sólo los extraños y desconocidos, sino también y fundamentalmente los conocidos. A este respecto los niños tímidos presentan un fuerte componente de temor a la evaluación negativa que le hacen o pueden hacer los demás y perciben y experimentan como situaciones de evaluación cualquier situación, aunque sea cotidiana y familiar.

Rosa, 15 años, no se atreve a hacer una pregunta en clase, ¡aunque son 13 alumnos y llevan juntos tres cursos!
Pablo, 10 años, lo pasa fatal y se corta para saludar a su prima, ¡a la que ve todos los fines de semana!

Tienen ansiedad social entendida como miedo a otras personas, temor en las situaciones sociales y miedo a la evaluación negativa, lo cual hace que no se sientan a gusto.

Esta timidez que se presenta en situaciones familiares es preocupante ya que éstas son las situaciones habituales en la vida cotidiana de cualquier persona, fundamentalmente en la infancia.

El niño tímido cuando está con otros está tan ansioso que esta ansiedad interfiere y entorpece su actuación.

3. *El niño tímido tiende a evitar los contactos interpersonales y las situaciones sociales*

Como lo pasa mal cuando está con la gente, se retrae, se aísla y procura evitar el contacto social para librarse y eludir el malestar, la incomodidad y el sufrimiento y por eso prefiere estar solo.

Como experimenta fracaso en situaciones sociales, las evita en lo sucesivo.

4. *El niño tímido actúa generalmente de esta manera*

No es que el niño tímido se inhiba o se retraiga ocasional o esporádicamente, sino que eso ocurre de forma bastante estable y generalizada, en muchas situaciones, con bastantes personas con más frecuencia y mayor intensidad y duración. En el apartado «Es normal cuando... Es problema cuando... Es alarmante cuando...» se incide en este aspecto.

Qué es y qué no es ser un niño tímido

Aunque en principio todos sabemos, por nuestra propia experiencia, a qué nos referimos cuando hablamos de conductas de timidez, vamos a detenernos a delimitar de qué y de quién hablamos cuando nos referimos a un niño tímido, ya que el término timidez alude a un conjunto de fenómenos diversos y, en cierto modo, confusos que hemos de aclarar si queremos dar cuenta de la complejidad y las múltiples facetas del comportamiento tímido y solitario en la infancia y adolescencia. Además este término aparece asociado con otros como *retraimiento, inhibición, introversión, aislamiento, soledad y baja sociabilidad*. Y coloquialmente se habla de: cortado, parado, soso, vergonzoso.

Estos términos se utilizan de forma bastante arbitraria, a veces como sinónimos *(Begoña es tímida e inhibida)*, otras veces aludiendo a realidades diferentes *(Ángel es tímido, pero es sociable)*, en otros casos con definiciones circulares *(Mi hija es tímida porque se retrae cuando está con gente; la verdad es que es retraída porque es muy tímida)*. Por ello, en los siguientes párrafos vamos a delimitar estos términos, siendo conscientes de que la tarea no es fácil ya que, según veremos con posterioridad, entre ellos existen relaciones y cierto significado compartido.

El término tímido viene del latín *timidus* que quiere decir temeroso. La consulta en diversos diccionarios nos muestra lo siguiente:

TIMIDEZ
— Cualidad de tímido.
— Tendencia por parte de la persona a sentirse incómoda, inhibida, torpe y muy consciente de sí misma en presencia de otras personas. Esto produce incapacidad para participar en la vida social, aunque se desee hacerlo y se sepa cómo.
— Cortedad, encogimiento, reserva, turbación.

TÍMIDO
— Temeroso, medroso, encogido y corto de ánimo.
— Apocado, cauteloso, cobarde, corto, inhibido, insociable, introvertido, pacato, pusilánime, receloso, remiso, reservado, retraído, solitario, taciturno, timorato.

RETRAIMIENTO
— Acción y efecto de retraerse.
— Cortedad, condición personal de reserva y de poca comunicación.

RETRAÍDO
— Que gusta de la soledad.
— Poco comunicativo, corto, tímido.

RETRAER
— Apartar o disuadir de un intento.
— Retirarse, retroceder.
— Hacer vida retirada.

AISLAMIENTO
— Acción y efecto de aislar.
— Incomunicación, desamparo.
— Falta de comunicación, soledad.

AISLADO
— Apartado, solo, suelto.

INHIBICIÓN
— Carencia o disminución de determinados tipos de conducta, especialmente de los agresivos.
— Acción y resultado de inhibir o inhibirse.

SOLITARIO
— Desamparado, desierto.
— Solo, sin compañía.
— Retirado, que ama la soledad o vive en ella.

INTROVERSIÓN
— Acción y efecto de penetrar dentro de sí mismo, abstrayéndose de los sentidos.

INTROVERTIDO
— Dado a la introversión.
— Retraído, introspectivo, reservado y distante con la gente.

SOCIABLE
— Que de una forma natural tiende a vivir en sociedad.
— Se dice de la persona afable, a la que le gusta relacionarse con las demás.
— Naturalmente inclinado al trato y relación con las personas o que gusta de ello.

INSOCIABLE
— Que no disfruta del trato social o lo evita, huraño.

SOLEDAD
— Carencia de compañía.
— Pesar y melancolía que se sienten por la ausencia, muerte o pérdida de alguna persona.

Niños poco sociables

La persona, desde que nace, se siente atraída por otras personas, más que por objetos o animales. Sin embargo hay diferencias entre las distintas personas, incluso entre los bebés recién nacidos, y se puede establecer una diferenciación en el grado de sociabilidad y gusto por estar con los demás; hay personas muy sociables y otras que lo son poco.

¿Pero qué hace este chico sentado y solo en un rincón? —preguntó el padre de Víctor Lovat—. ¿Es que no tiene ni un amigo?
Su mujer le explicó sonriendo con ternura:
—Nuestro hijo no necesita compañía para pasarlo bien. Creo que es un poquito solitario.
¿Solitario? —repitió Arnold Lovat, estupefacto.
Ningún hijo suyo tenía derecho a ser solitario. Los Lovat eran personas simpáticas que hacían amistades fácilmente y estaban siempre allí donde pasaba algo divertido o interesante. Empezaba a sospechar que había permanecido fuera demasiado tiempo. Quizá sería conveniente dejar la marina mercante y buscar un trabajo que le permitiera vigilar de cerca lo que ocurría en su casa.
—Bueno, pues ya es hora de que tenga algunos amigos. Vamos a dar una fiesta.
¿Una fiesta?
Víctor levantó una mirada recelosa desde el libro que había sacado de la biblioteca.

(Tomado de *La fiesta de Víctor* de H. Townson.)

Se habla de *baja sociabilidad* para referirse a los niños y niñas que tienen una baja motivación por estar con los demás; muestran una baja tasa de interacción social y una alta tasa de actividad solitaria y se relacionan poco con otras personas simplemente porque prefieren más estar solos. Son poco sociables y solitarios, pero no tienen problemas cuando quieren interactuar con otros; son solitarios, pero no tímidos. La escasa sociabilidad se refleja en una menor exposición a situaciones sociales; por ej., no les gusta ir a fiestas y prefieren quedarse leyendo un libro o escuchando música, pero si tienen que ir, están bien con la gente y no lo pasan mal. Aquí radica la diferencia entre los poco sociables y los tímidos. En los poco sociables, su baja interacción, no va acompañada de ansiedad social, mientras que el temor y el recelo acompañan siempre a los tímidos.

> Los niños tímidos son poco sociables.
> No todos los niños poco sociables son tímidos.
> Las niñas y niños tímidos se relacionan poco, pero les gustaría relacionarse más.

Niños inhibidos y pasivos

En las relaciones interpersonales, se describen tres posibles estilos de relación interpersonal: inhibido, asertivo y agresivo.

El *estilo inhibido* se caracteriza porque no se expresan los propios sentimientos, pensamientos y opiniones, o se hace con falta de confianza. Es un estilo *pasivo, conformista y sumiso*. La persona inhibida no se respeta a sí misma ni se hace respetar.

El *estilo asertivo* implica que se expresan los propios sentimientos, necesidades, derechos y opiniones, pero respetando los derechos de las demás personas. La persona asertiva dice lo que piensa y siente y escucha a los demás; tiene confianza en sí misma; se respeta a sí misma y respeta a los y las demás.

El *estilo agresivo* se caracteriza porque se defienden los propios derechos y se expresan los propios pensamientos, sentimientos y opiniones, por encima de las demás personas. Es un estilo *autoritario* y *dominante*. La persona agresiva no respeta a las y los demás.

Para concretar más este concepto, en el siguiente cuadro tomado y adaptado de la obra *Manual de evaluación y entrenamiento de las habilidades sociales* cuyo autor es Vicente Caballo (1993, Madrid: Siglo XXI) se incluyen los aspectos más relevantes de los estilos de relación inhibido o pasivo, agresivo y asertivo en lo referente a conducta no verbal, conducta verbal y a los efectos y consecuencias que produce.

Estilo inhibido	Estilo asertivo	Estilo agresivo
Conducta no verbal	**Conducta no verbal**	**Conducta no verbal**
Ojos que miran hacia abajo; voz baja; vacilaciones; gestos desvalidos; negando importancia a la situación; postura hundida; puede evitar totalmente la situación; se retuerce las manos; tono vacilante o de queja; risitas falsas.	Contacto ocular directo; nivel de voz conversacional; habla fluida; gestos firmes; postura erecta; honesto/a; manos sueltas.	Mirada fija; voz alta; habla fluida/rápida; enfrentamiento; gestos de amenaza; postura intimidatoria; deshonesto/a; mensajes impersonales.

Estilo inhibido	Estilo asertivo	Estilo agresivo
Conducta verbal	**Conducta verbal**	**Conducta verbal**
«Quizás», «Supongo», «Me pregunto si podríamos», «Te importaría mucho», «Solamente», «No crees que», «Ehh», «Bueno», «Realmente no es importante», «No te molestes».	Mensajes en primera persona; verbalizaciones positivas; respuestas directas a la situación: «Pienso», «Siento», «Quiero», «Hagamos», «¿Cómo podemos resolver esto?», «¿Qué piensas?», «¿Qué te parece?».	Mensajes impositivos y amenazantes, órdenes: «Haría mejor en», «Haz», «Ten cuidado», «Debes estar bromeando», «Si no lo haces», «No sabes», «Deberías», «Mal».
Efectos	**Efectos**	**Efectos**
• Conflictos interpersonales. • Depresión. • Desamparo. • Imagen pobre de uno mismo. • Se hace daño a sí mismo. • Pierde oportunidades. • Tensión. • Se siente sin control. • Soledad. • No se gusta a sí mismo ni gusta a los demás. • Se siente enfadado.	• Resuelve los problemas. • Se siente a gusto con los demás. • Se siente satisfecho. • Se siente a gusto consigo mismo. • Relajado. • Se siente con control. • Crea y fabrica la mayoría de las oportunidades. • Se gusta a sí mismo y a los demás. • Es bueno para sí y para los demás.	• Conflictos interpersonales. • Culpa. • Frustración. • Imagen pobre de sí mismo. • Hace daño a los demás. • Pierde oportunidades. • Tensión. • Se siente sin control. • Soledad. • No le gustan los demás. • Se siente enfadado.

Todas las personas utilizamos los tres estilos y, dependiendo de la situación, nuestros intereses y los interlocutores, nos mostramos inhibidos, asertivos o agresivos. Sin embargo, se puede considerar que cada persona utiliza uno de los estilos de forma más habitual y frecuente.

De los tres estilos interesa focalizar la atención en el pasivo o inhibido, ya que se afirma que la persona tímida exhibe este estilo en sus relaciones con los demás.

La conducta pasiva es un estilo de huida y también de sumisión. Implica la violación de los propios derechos al no ser capaz de expresar honestamente sentimientos, pensamientos y opiniones, o expresando los pensamientos y sentimientos propios de una manera autoderrotista, con disculpas, con falta de confianza, de tal modo que los demás puedan fácilmente no hacer caso. *La persona inhibida* es introvertida, reservada, no consigue sus objetivos, se encuentra frustrada, infeliz y ansiosa ya que permite a los otros elegir por ella; no defiende sus derechos a fin de no deteriorar las relaciones con las otras personas y adopta conductas de sumisión esperando que la otra persona capte sus necesidades, deseos y objetivos. El niño que sistemáticamente adopta conductas de pasividad e inhibición, sufre consecuencias muy negativas, él se encuentra descontento y se valora poco y los otros le tratan injustamente.

Nosotros usaremos el término *retraído* como sinónimo de tímido, ya que en efecto el niño tímido se retrae de la dinámica interpersonal, y también usaremos *inhibido*, ya que un alto porcentaje de las interacciones del niño tímido pueden catalogarse como inhibidas y carentes de asertividad.

¿Es la timidez un problema importante en la infancia?

Los conocimientos actuales que aporta la Psicología Evolutiva y la Psicopatología nos obligan a afirmar que hay que tomarse en serio y preocuparse por el tema de la timidez en la edad infantil y adolescente y ello por dos importantes razones:

1. *Porque es un problema en sí mismo.* El niño tímido tiene un problema de incompetencia social y sufre y lo pasa mal. Además, como veremos en el apartado del desarrollo social y las relaciones entre iguales, el niño tímido pierde oportunidades de relacionarse y por tanto se está privando de lograr aprendizajes relevantes que solo se logran en la interacción con los iguales.
2. *Porque se considera factor de riesgo de problemas socioemocionales para el futuro.* La conducta inhibida y muy retraída aparece como característica definitoria y como síntoma de diversos trastornos psicológicos en la infancia, adolescencia y edad adulta; por ejemplo, en la fobia social se encuentran antecedentes de timidez en la infancia y aislamiento en la adolescencia.

Se sabe también que la timidez y el retraimiento social en la infancia tienen futuras consecuencias negativas para el sujeto. Los estudios longitudinales que se han hecho con niños tímidos a los que se ha seguido hasta la adolescencia y vida adulta, evidencian que el retraimiento social en estas edades es un factor de riesgo ya que predice dificultades posteriores como son los problemas emocionales y los problemas de personalidad.

Además se aprecia bastante estabilidad y, si no se interviene de forma eficaz, la timidez perdura. Si no se hace nada es bastante probable que el niño tímido se convierta en un adolescente tímido, después pase a ser un joven tímido y más tarde un adulto tímido. Todo esto se verá más detenidamente en el capítulo 4.

Pero no siempre es un problema

¿Cuándo la timidez es normal y cuando empieza a ser un problema?

La timidez es un sentimiento universal que, en mayor o menor medida, todas las personas experimentamos en distintas ocasiones a lo largo de nuestra vida. Todos nos mostramos como tímidos en alguna situación; todos tenemos alguna vez miedo a la evaluación negativa que puedan hacernos otras personas, todos nos preocupamos cuando no nos consideran, o cuando creemos y sospechamos que no vamos a dar la talla en una situación que nos importa.

La ansiedad social, el miedo a otras personas, es un mecanismo de activación normal que todas las personas sentimos en algunas situaciones interpersonales. En las personas «normales», la ansiedad social se reduce tras los primeros minutos de interacción o tras la exposición repetida a la misma situación atemorizante o a situaciones semejantes. Además, el grado de ansiedad es proporcional a la trascendencia de la situación.

En Psicología Evolutiva se habla del «perfil del recién llegado» para referirse a lo que hace un niño cuando llega por primera vez a un grupo de niños. Inicialmente su comportamiento es tímido, retraído, inhibido, permanece inmóvil y se limita a una observación pasiva; actúa tímida y tentativamente para conocer las normas y valores del grupo y es después de un período inicial, que puede durar tan solo unos minutos, cuando estos comportamientos decrecen y van desapareciendo a medida que el recién llegado se va integrando en el grupo. Lo importante a resaltar es que este comportamiento tímido tiene un propósito funcional en el recién llegado, ya que es un período de alerta y observación y por ello es un comportamiento adaptado y útil.

Por lo tanto la conducta de timidez no es necesariamente desadaptativa y desajustada, por el contrario, puede tener una función protectora y adaptativa en determinadas situaciones, principalmente como miedo transitorio a lo desconocido.

Las niñas y niños en determinadas ocasiones muestran conductas de timidez y ansiedad social que en muchos casos son adecuadas ya que ayudan a afrontar situaciones interpersonales nuevas y/o difíciles.

Las situaciones que habitualmente generan más ansiedad social en adultos son las siguientes: hablar en público, abordar a personas desconocidas, ser el centro de atención, estar en un grupo numeroso, interactuar con personas del sexo opuesto y sentirse inferior.

Es normal cuando... Es problema cuando... Es alarmante cuando...

¿Cuándo la timidez es un problema?, ¿cuándo es preocupante?

Es normal, adaptativo, inteligente y útil retraerse, mostrarse tímido y sufrir ansiedad en algunas situaciones.

Las personas «no tímidas» tienen episodios de timidez de forma puntual y esporádica y principalmente en *situaciones nuevas, difíciles, ambiguas o importantes*. Las siguientes son ejemplos de situaciones en las que es normal sentir ansiedad y nerviosismo:

— Un padre que tiene que hablar en público en la asamblea de padres del colegio de su hija.
— Una adolescente que tiene que hacer en clase una representación junto al chico que le gusta.
— Un niño de 9 años tiene que cantar ante unos señores que acaba de conocer, aunque son amigos de sus padres.

— Una niña nueva en el instituto el primer día de clase y no conoce a nadie; la profesora les ha pedido que se coloquen de dos en dos en los pupitres.

Algunos aspectos positivos que acompañan a la conducta de timidez son reserva, modestia, prudencia y pudor, aunque hoy en día parezca que hay que erradicar, a toda costa, estos matices de la conducta interpersonal. Por ello es preciso diferenciar la timidez de conductas de vergüenza normales en determinadas situaciones interpersonales. Es problema y ha de preocupar cuando se muestra timidez durante más tiempo, en más situaciones, con mayor frecuencia y con más intensidad que lo que es habitual.

Los niños tímidos adoptan el patrón conductual del «recién llegado» y lo mantienen durante mucho tiempo, comportándose todo el tiempo como si fueran nuevos, sin llegar a integrarse plenamente en la interacción con el otro niño o niña o con el grupo. Y precisamente en esto radica una de las diferencias principales entre lo que puede considerarse una timidez normal, que es muy útil para la supervivencia y la adaptación en situaciones interpersonales nuevas y/o difíciles, y aquélla con visos más desadaptativos y problemáticos.

Pablo ha ido a un campamento y sigue estando cortado después de cinco días cuando ya todos los compañeros están integrados y han hecho nuevos amigos.

Hay que tener en cuenta que la conducta tímida puede contemplarse a lo largo de un continuo donde existe una graduación en el nivel de severidad y gravedad, encontrándonos desde dificultades leves y problemas moderados hasta trastornos más serios y patológicos. En este extremo se encontraría como componente de la «fobia social», trastorno psicológico con entidad propia.

El miedo a las situaciones sociales en algunas personas persiste en distintos grados: desde inhibición en algunas situaciones sociales específicas (hablar en público, relacionarse con personas del sexo opuesto...), hasta la evitación de casi toda nueva relación; huir de las relaciones interpersonales. Es decir, desde una mera y leve molestia puntual, hasta un grave trastorno.

Sí es necesario dejar claro que los niños tímidos presentan ansiedad social no clínica; es una ansiedad limitada a algunas situaciones interpersonales de tal suerte que pueden encontrarse incómodas en las relaciones sociales, pero su funcionamiento social, académico o laboral no está gravemente afectado. En la timidez el grado de malestar puede ser incluso fuerte, con un cierto perjuicio al bienestar personal, hay una molestia e incomodidad, se pasa mal, pero inicialmente no es incapacitante en el sentido de que no interfiere gravemente con el progreso académico y la adaptación social de la criatura. No es incapacitante; el funcionamiento cotidiano *no está excesivamente* afectado. Es esto precisamente lo que la diferenciará de otros problemas que sí conllevan un acusado deterioro de las actividades del individuo o malestar clínico significativo, como es el caso de la fobia social.

Es alarmante cuando la timidez va a más; la timidez extrema que no es específica de una situación nueva o difícil, ni es transitoria, sino que se hace crónica y generalizada.

La *fobia social* supone la presencia de ansiedad social «clínicamente» significativa; conlleva acusado deterioro de las actividades del niño y por supuesto interfiere seriamente con el progreso académico y la adaptación social. En las personas fóbicas sociales, la ansiedad no guarda relación con la situación o con la amenaza y no se extingue a pesar de la repetición de las situaciones temidas; el miedo persiste hasta la evitación de casi toda nueva relación.

Es bastante complicado establecer el límite entre la timidez normal, la que es un problema y ha de preocupar y la que puede constituir un trastorno psicopatológico y debe alarmar, porque en la consideración de la timidez intervienen distintas variables como son la edad, la historia personal del problema concreto, el grado de malestar, etc. Por ello, ante cualquier duda, es aconsejable acudir a un psicólogo especialista que procederá al diagnóstico y evaluación de la situación individual y concreta y determinará la gravedad y conveniencia o no de tratamiento especializado.

Aparición de la timidez

Se consideran dos formas de aparición de la timidez. La primera se refiere a los niños que son tímidos desde siempre; desde bebés su conducta ha sido más inhibida de lo habitual. La segunda forma se refiere a que, en un momento determinado el niño que había tenido una conducta social aparentemente normal, empieza a retraerse y a mostrar conductas de timidez.

Un factor importante a tener en cuenta es la edad en la que empieza a manifestarse. En la temprana infancia, la actividad solitaria constructiva y exploratoria no es desadaptativa; sin embargo, sí lo es en la infancia media y tardía. Está comprobado que hasta aproximadamente los diez años, algunos niños juegan bastante solos y se les considera «extraños» o «raros», pero nada más.

Considerando la edad, no es lo mismo la timidez en la infancia temprana que en la media o en la adolescencia. Actuar de forma retraída y tímida no tiene el mismo significado en una niña de tres años en su primera experiencia escolar, en un niño de nueve años que llega a un campamento de verano o en una joven de dieciocho años en el comienzo de su primer curso universitario.

Es preciso señalar que cuanto más pronto aparece la conducta de inhibición y timidez, más se altera y bloquea el desarrollo social normal.

En el capítulo 3 se aborda detenidamente el tema de los orígenes y las causas de la timidez.

¿Dónde, con quién, cuándo se dispara la timidez?

— ¿Cómo se desencadena un comportamiento tímido?
— ¿Qué situaciones disparan o acrecientan la timidez?

En general la timidez se dispara y/o acrecienta por:

a) Novedad de la situación.
b) Desconocimiento de las personas con las que hay que interactuar.
c) Anticipación de evaluación social negativa o insuficientemente positiva.

Las situaciones que no están estructuradas, que son en cierto modo ambiguas y por tanto demandan un comportamiento espontáneo e imprevisto son bastante complicadas y suelen desencadenar altas dosis de ansiedad social. En estas situaciones se discrimina muy bien entre tímidos y socialmente competentes.

El que aparezcan personas extrañas también dispara reacciones de retraimiento. En la infancia son especialmente difíciles los encuentros sociales nuevos, especialmente si el niño tiene que ser el centro de atención, que es el tercer elemento, el sentirse evaluado, juzgado y observado.

En la clase la profesora hace preguntas y el alumno tiene que salir al encerado, delante de todos, a contestar.
Unos padres van por la calle de paseo con su hija y se encuentran a unos amigos que le empiezan a preguntar y a mirarla, le piden que se dé la vuelta para ver lo que ha crecido...

Los niños tímidos pueden funcionar en situaciones muy estructuradas y conocidas, con personas conocidas. Sin embargo, los jóvenes tímidos lo son más en presencia de conocidos que de extraños porque temen más la evaluación, las opiniones y las críticas de los conocidos.

No obstante hay que considerar que cada niño tímido es un mundo y será por ello necesario observar con qué personas se siente el niño más tímido y qué situaciones le generan respuestas de timidez, aunque, como hemos indicado repetidamente, los niños tímidos experimentan sentimientos de malestar e incomodidad en muchas otras situaciones interpersonales.

También es pertinente señalar que, en algunos casos, el niño se muestra tímido en unos contextos pero no en otros; se puede ser muy tímido en la escuela y no serlo en la familia, pasarlo mal con los colegas en la discoteca, pero manejarse mucho mejor con dos o tres compañeros en casa jugando a un juego de mesa o tomando un refresco.

Mi hija Noemí es una niña lista e inteligente, si se la compara con los niños de su edad, pero es exageradamente tímida fuera de casa. En casa, con nosotros y con su hermanito de dos años es alegre, ¡habladora!, y muy mandona, pero fuera de casa se retrae, no habla, se pega a mis faldas, se esconde y no levanta la cabeza. Desde luego parece dos niñas distintas, la de fuera y la de dentro de casa.

Me preocupa que todos los niños del bloque bajan al parque y ella raramente lo hace; la vienen a buscar y siempre se niega y pone disculpas. Cuando algún día logramos que baje, enseguida encuentra un motivo para subirse (ir al servicio, tiene un hambre atroz...).

Un problema añadido es que su padre y yo no estamos muy de acuerdo respecto al método a utilizar para afrontar este problema;

> *el padre es más estricto y autoritario y afirma que lo que Noemí necesita es mano dura; yo soy mucho más permisiva y opino que, poco a poco, se irá abriendo. Para colmo la abuela pasa seis meses al año con nosotros y es un elemento más de discordia respecto a qué hacer.*
>
> (Madre de Noemí, 7 años.)

A veces los padres se sorprenden cuando la puericultora les dice que su hija es muy tímida en la guardería ya que en casa no lo es. En general se suele mostrar más timidez en el colegio que en casa ya que en el contexto escolar hay más variedad de nuevas personas y situaciones. El niño tímido se refugia en un mundo donde se encuentra más seguro y más cómodo como es con la familia en casa.

Se habla también de tímidos extravertidos, personas que son hábiles para ocultar su timidez, y a veces ante los demás actúan como no tímidos. Se dice que en esta categoría pueden encontrarse incluso personas famosas y públicas que se dedican al mundo del espectáculo.

¿Cómo se explica generalmente la timidez?

Las principales explicaciones que se utilizan para justificar el que un niño se comporte tímidamente son las siguientes:

a) La herencia:

— «*Ha salido a su madre; es igual de vergonzosa que ella*».
— «*Es como su abuelo que nunca se atrevía a nada fuera de casa*».

Estas creencias conllevan en los padres actitudes fatalistas en la línea del siguiente razonamiento: como es como su madre, nada se puede hacer.

b) El destino:

Muchos padres creen firmemente que su hijo ha nacido así, es así, no hay nada que hacer y se resignan a ello.

— «*El mayor es muy abierto y sociable, pero este pequeño es muy tímido y no se hace con nadie; ¡qué le vamos a hacer!, cada uno es de una manera*».
— «*Es así de cortado, ¡hay que tener paciencia!*».

A la larga el niño tímido llega a pensar también que ha nacido así y no se plantea cambiar; puede incluso acrecentar sus problemas al compararse con los otros «que no han nacido así».

c) Un trauma o evento traumático:

— «*Desde que la llevé a la guardería, esta niña se metió en sí misma y no es lo que era*».

En el capítulo 3 se discute y analiza detenidamente el origen y los determinantes de la conducta de timidez.

¿Por qué no se presta atención a las conductas de timidez?

¿Preocupa, interesa la timidez?

La timidez en la infancia es un fenómeno poco estudiado. No se tiene interés hacia los niños tímidos debido a ciertas ideas, creencias y errores que se tienen acerca de la timidez.

a) No se cataloga como un problema

Ocurre que en la timidez son preponderantes los comportamientos internalizados, aquellos comportamientos que se expresan «hacia dentro», que tienen como destinatarios al propio sujeto y por tanto no se perciben claramente desde fuera ya que no alteran ni perturban el ambiente. Un ejemplo de conducta internalizada es decirse a sí mismo cosas como:

«Soy un inútil; no sirvo para nada» o *«¡Qué bien que me inviten al cumple, me lo pasaré super-mega-genial con los colegas!».*

Cuando estas conductas son de matiz negativo, como sucede en la timidez, la persona lo pasa muy mal y sufre, ¡aunque no se le note!

En el contexto escolar, los niños tímidos pasan desapercibidos y, en muchos casos, el profesorado no los identifica como posibles sujetos con problemas ya que las conductas que presentan no son perturbadoras; incluso en determinadas ocasiones llegan a ser valorados como buenos alumnos y pueden ser reforzados por su conducta retraída y tímida ya que se equipara estar callado con ser un niño bueno y se valora la obediencia y sumisión.

«¿No veis a Pedro lo callado que está?, espero que aprendáis de él»; «Mila es una niña muy rica, muy tranquila y muy obediente».

Desde luego los problemas internalizados y los comportamientos tímidos y el retraimiento (por ejemplo, no participar en los debates, ponerse nervioso) son calificados como menos graves y suscitan mucha menos atención que los externalizados y perturbadores, que son los comportamientos que se expresan «hacia fuera», que tienen como destinatarios a los otros y que perturban y alteran el medio en el que se producen (hacer el payaso, hacer ruido, agredir a una compañera, chillar o moverse excesivamente).

b) Creencias erróneas

Se piensa que es algo pasajero y transitorio que disminuirá y desaparecerá con el tiempo, que es un problema que mejorará con la edad o el cambio a otra situación.

«*Yo era así de pequeña y luego cambié. Es igualito que yo a su edad*».

c) Desconocimiento y/o desinterés

Las familias muchas veces no se preocupan por la timidez de su hijo. Incluso cuando en la guardería o el colegio se lo hacen saber, no lo dan tanta importancia y comentan que en casa, con la familia, el niño está a gusto, hecho que suele ocurrir porque el tímido muchas veces tiene un comportamiento bastante normal en el medio familiar, que es su medio conocido. En otros casos, se resignan a tener un hijo con esas características ya que no alcanzan a conocer los futuros problemas que ello puede conllevar.

Las ideas anteriores explican que las familias de niños tímidos generalmente no buscan ayuda terapéutica y cuando lo hacen, suele ser bastante tarde y también justifican que, en general, el profesorado no pide apoyo externo por los problemas internalizados.

Timidez y cultura

La conducta social se aprende en el proceso de socialización como veremos más adelante en el capítulo 3, de forma que cada grupo social y cada cultura socializa a sus miembros en un estilo de relaciones interpersonales determinado; así se aprecia que las culturas mediterráneas son más extrovertidas y afiliativas que los países nórdicos.

Es por ello por lo que la conducta de timidez tiene diferentes significados en las distintas culturas. Desde luego no es lo mismo ser tímido en China, donde se estimula a los niños a ser discretos y tímidos, que en culturas como la occidental actual que favorece y valora la alta sociabilidad e incluso la desinhibición social y en consecuencia penaliza la carencia de competencia social; es más, el comportamiento retraído y tímido tiene connotaciones negativas en nuestra sociedad hoy donde es visto como desagradable y a veces como irritante.

Timidez y género

Tradicionalmente se ha asociado a la mujer con el estilo de interacción inhibido y pasivo (complacientes, sumisas, dulces, dedicadas a los demás, obedientes...) y al hombre con el estilo agresivo (conquistadores, luchadores, dominantes, poderosos, competitivos...). Ocurre que en nuestra sociedad sigue existiendo una socialización diferencial en función del sexo con una asignación de roles diferentes para hombres y mujeres según los estereotipos sexuales. Los agentes de socialización (familia, escuela, sociedad, medios de comunicación, los iguales), educan a las criaturas para que se adecuen a los patrones establecidos de lo que se considera femenino y masculino. Se describe a los dos sexos con estereotipos y atributos simétricos y antitéticos como: pasividad-actividad, miedosa-arriesgado, emotiva-racional.

La pervivencia de estos roles tradicionales de hombre y mujer fundamenta la constatación de que la timidez en niñas se considera más aceptable que en niños. De hecho el comportamiento tímido es aceptado como femenino y hasta deseable en una niña o en una mujer. Todavía hoy en día no es lo mismo, ni tiene las mismas connotaciones ser una niña tímida (*«tan rica, tan mona y tan prudente»*) que ser un niño tímido (*«es un parado y no tiene lo que hay que tener»*).

La timidez ayer, hoy y mañana

Hace relativamente pocos años, ser un niño tímido, prudente e inhibido era bastante valorado; más todavía si se trataba de una niña. Sin embargo actualmente no está bien visto ser tímido, es más, los modelos sociales que se proponen, principalmente en los medios de comunicación, son gente atrevida, osada y notablemente desinhibida.

La visión que tenemos hoy de la timidez, puede ser muy diferente en unos pocos años en función del rumbo que tome la comunicación interpersonal. Y es que produce vértigo comprobar los fuertes cambios que, en los últimos años, se están produciendo en nuestra sociedad respecto a determinados aspectos de las relaciones interpersonales como lo demuestra claramente el número de teléfonos móviles o el de usuarios de Internet (*e-mail,* chats, foros...), de suerte que hoy en día se están reduciendo drásticamente el número de interacciones interpersonales diarias cara-a-cara, siendo sustituidas por las relaciones *on line* o ciberrelaciones. Hoy se habla ya de ciberamigos, cibernovios, cibersexo y relaciones interpersonales *on line.*

Las relaciones interpersonales pueden experimentar notables cambios en el futuro próximo al haber menos necesidad de experiencias sociales compartidas, por lo que puede ocurrir que los niños tímidos lo tengan menos complicado.

¿Es la timidez un problema frecuente en la infancia y en la adolescencia?

— ¿Cuántos niños y niñas tímidos hay?, ¿es la timidez un problema frecuente o raro en estas edades?
— ¿Hay más niñas o más niños que sufren timidez?

Estas cuestiones no pueden contestarse claramente debido a que, en nuestro país, no existen estudios epidemiológicos sobre timidez, motivo por el que en este apartado recogemos algunas pinceladas de lo que ocurre en otros países, que arrojan los siguientes datos:

Hasta los 6 años:
— Aproximadamente el 15% de los niños y niñas de la escuela infantil se identifican como socialmente retraídos.

De 7 a 12 años:
— Aproximadamente un 30% de los niños entre 8 y 10 años son considerados tímidos por sus padres.
— Más del 10% de los niños de 8 a 10 años informan de sentimientos de soledad y de que no tienen amigos para jugar.
— Timidez autopercibida:
  • El 42% se consideran tímidos.
  • No se encuentran diferencias entre sexos.
  • Se encuentra más timidez a los 12 y 13 años; la timidez aumenta con la edad.

De 13 años en adelante:
— Un 20% de los alumnos tienen dificultades para hablar en público en clase.
— Autoinformes, ¿eres tímido?:
  • El 50% de los de 13 a 15 años se consideran tímidos.

- Se aprecia más en chicas que en chicos.
- A partir de los 15 años el porcentaje de tímidos es del 40%, cifra similar a la encontrada en adultos.

No obstante, es aconsejable tomar todos estos datos con cautela porque son poco precisos, ya que debido a la confusión conceptual es difícil utilizar criterios claros, por lo que en algunos casos son resultado de solapamiento con otros problemas. Por estos motivos apelamos a la necesidad de hacer investigaciones a este respecto en nuestro país.

¿Mi hijo es tímido?

¿Cómo detectar la timidez en su hijo?

Seguramente si usted ha empezado a leer este libro es porque cree que su hijo es tímido, pero para conocer las dificultades de su hijo tiene que saber que las principales formas de obtener información y datos para identificar y determinar si un niño es tímido o no y, en caso afirmativo, evaluar aspectos más concretos de su conducta interpersonal son:

1. Observando directamente su conducta manifiesta, externa y observable, lo que hace y dice, y también lo que no hace o no dice.
2. Preguntándole directamente al niño o a la niña sobre sus dificultades para relacionarse con otras personas.
3. Preguntando a las personas que le conocen e interactúan con él. Estas personas son los iguales (sus compañeros, hermanos y amigos) y los adultos (fundamentalmente familia, profesorado y educadores en general).

En el capítulo 2 se presenta información detallada que le ayudará a observar a su hijo. Los lectores interesados en ampliar y profundizar en el tema de la evaluación de la timidez pueden consultar el libro de Monjas (2001), *La timidez en la infancia y adolescencia: Evaluación, tratamiento y prevención* (Ediciones Pirámide).

¡Ojo a la etiqueta de tímido!

Aunque usted esté seguro de que tiene un hijo tímido, queremos hacer una llamada de atención para que ponga especial cuidado en no utilizar la etiqueta de tímido cuando se refiera a su hijo.

«No te va a contestar porque es muy tímido».
«Se corta mucho con la gente que no conoce; es muy tímida y vergonzosa».

Existen varios peligros:

a) Es una generalización excesiva ya que alude solo a una parte de la conducta; se olvidan otros aspectos positivos.
b) Con el tiempo se cumple la profecía; el niño empieza a responder y se empieza a comportar como tímido; se le refuerzan las conductas de timidez.
c) Se producen además explicaciones circulares:

«No habla porque es tímida; es tímida porque no es nada comunicativa».

d) Este cartel le puede marcar para toda la vida.

Tareas

1.ª. Sopa de letras

En la siguiente sopa de letras encontrará *doce* términos que suelen utilizarse como sinónimos de tímido (algunos están en femenino). Señálelos.

P	E	L	O	T	O	A	J	E	E	R	T	V	A	X	C	N	A	S	J
L	A	I	O	N	D	X	R	F	D	K	R	E	S	E	R	V	A	D	A
A	M	S	O	A	D	L	E	B	F	M	A	M	I	T	T	S	N	I	E
R	E	S	C	A	T	E	T	N	A	S	I	A	E	R	T	U	Y	O	T
L	I	O	S	I	N	T	R	O	V	E	R	T	I	D	O	E	R	T	O
A	P	E	I	N	O	Z	A	P	E	Y	U	L	E	S	O	L	J	T	P
A	N	A	S	S	V	B	I	G	R	T	I	D	S	C	L	U	J	L	A
N	E	N	E	O	N	N	D	D	G	E	R	V	A	D	A	A	L	L	P
E	R	T	V	C	X	Z	A	F	O	Z	A	P	I	R	O	N	D	E	A
C	A	C	A	I	S	I	I	I	N	N	L	N	A	S	I	F	E	A	H
P	A	S	K	A	S	N	B	S	Z	N	O	T	A	O	S	C	O	B	C
O	S	U	G	B	A	Z	E	E	O	A	L	I	S	S	P	A	U	L	A
C	O	E	L	L	A	O	S	N	S	T	U	L	O	O	A	S	E	N	I
Ü	L	Ñ	M	C	S	S	O	O	A	T	E	L	I	L	C	H	O	C	O
L	E	O	A	I	W	E	G	B	M	N	I	Ñ	A	E	A	O	A	P	L
C	T	B	A	C	A	F	D	X	V	T	E	I	O	C	U	Y	H	B	M
U	U	A	P	E	P	S	R	G	A	R	U	T	H	E	L	T	T	Ñ	S
A	A	S	O	S	E	O	A	R	M	O	D	A	T	R	O	C	A	S	I
T	C	O	S	I	N	H	I	B	I	D	O	E	R	E	E	S	B	A	N
E	D	R	A	S	A	A	P	I	M	R	N	T	A	L	U	G	E	T	A

¿Qué significa ser un niño tímido?

Solución: Al final del libro.

2.ª. Acróstico

Escriba una característica de la persona asertiva con cada letra de su nombre. Le sugerimos que lo hagan todos los miembros de la familia. ¡Se puede utilizar el diccionario!

Ejemplo: INÉS

    I: *Inteligente*
    N: *Natural*
    E: *Extravertida*
    S: *Sincera*

3.ª. *Verdadero (V) o falso (F)*

1. La timidez tiene distinto significado en las distintas culturas.
V ❑   F ❑
2. En una situación nueva y desconocida es normal sentir ansiedad social.
V ❑   F ❑
3. Cuando una persona se siente evaluada y observada y anticipa una evaluación social negativa, se dispara la conducta de timidez.
V ❑   F ❑
4. Si un niño es tímido se muestra tímido siempre y en todo momento, en todas las situaciones y contextos en los que se mueve y con todas las personas con las que interactúa.
V ❑   F ❑
5. La timidez es un tema que preocupa mucho al profesorado de todos los niveles educativos.
V ❑   F ❑
6. Ser una niña tímida está mejor visto socialmente que ser un niño tímido.
V ❑   F ❑

Solución: Al final del libro.

2. ¿Qué les pasa al niño y al joven tímido?

¿Qué hace o dice?, ¿qué deja de hacer?
    Deficiencia o inadecuación de habilidades sociales.
    Exceso de conductas solitarias e inactividad.
    Respuestas de evitación y escape en situaciones interpersonales.
¿Qué piensa?, ¿qué se dice a sí mismo?, ¿qué imagina?
    Pensamientos negativos.
    Autolenguaje negativo.
    Autoconciencia excesiva y desatención a las otras personas.
¿Qué siente?, ¿qué sensaciones corporales experimenta?
    Autoestima y autovaloración negativa.
    Ansiedad social y miedos.
    Emociones negativas.
    Sensaciones corporales de incomodidad y malestar.
Tareas.

— ¿Cómo se manifiesta la timidez?
— ¿Qué síntomas aparecen en la timidez?
— ¿Qué hace el niño tímido que no hacen los otros?
— ¿Qué no hace el niño tímido que sí hacen los otros?
— ¿Qué dificultades tienen los niños tímidos?
— ¿Entendemos las dificultades de los niños tímidos?
— ¿Es verdad que los niños tímidos son miedosos, recelosos...?
— ¿Todos los niños tímidos se comen mucho el coco?

Hacer una descripción global de lo que les pasa a los niños y jóvenes tímidos es muy complejo, principalmente por tres razones. La primera es que bajo el término de timidez, como hemos comentado anteriormente, se cobijan un vasto grupo de conductas y síntomas. La segunda, porque muchos de estos síntomas no se ven, no se perciben desde fuera, ya que son encubiertos y privados y pueden pasar desapercibidos para cualquier observador externo. La tercera, porque no existe la timidez en sí, sino que existen niñas y niños tímidos, o para precisar más, niños con conductas de timidez con sus peculiaridades y características concretas, de forma que algunos de ellos participan de gran parte de las conductas que señalamos, mientras que en otros, solo aparecen algunas. Además nos encontramos con diferencias en la frecuencia, intensidad, duración, momento de aparición... de todos estos síntomas. Cada niño tímido es un mundo. La timidez es un problema complejo constituido por respuestas motoras, cognitivas y psicofisiológicas; por conductas inadecuadas (quedarse parado...), pensamientos distorsionados («no puedo cometer ni el más mínimo error porque sería horrible») y sentimientos negativos (tristeza, inseguridad). Por eso, para facilitar la descripción de la conducta del niño tímido, es decir, lo que hace, piensa y siente, vamos a presentar esas conductas diferenciándolas en tres apartados:

— ¿Qué hace o dice?, ¿qué deja de hacer?
— ¿Qué piensa?, ¿qué se dice a sí mismo/a?, ¿qué imagina?
— ¿Qué siente?, ¿qué sensaciones corporales tiene?

Somos conscientes de que, en determinados casos, es muy difícil o prácticamente imposible hacer la separación entre estos tres aspectos y lo hacemos por motivos didácticos.

Hemos de precisar que las manifestaciones de la conducta tímida dependen en gran medida de la edad y nos vamos a encontrar que en los primeros años, en la primera infancia, hay un predominio de las manifestaciones motoras y psicofisiológicas, lo que hace, dice y sus sensaciones corporales, mientras que en la preadolescencia y adolescencia, suelen tener mayor relevancia las alteraciones cognitivas. En los pequeños, la conducta de timidez habitualmente está en relación con una falta de habilidades sociales y en los mayores tiene mucho más que ver con la excesiva preocupación por sí mismo y la obsesión por la evaluación negativa.

Lo que sigue a continuación trata de esbozar, de forma pormenorizada, el perfil conductual que las niñas y niños tímidos pueden presentar referido a baja competencia interpersonal, escasa interacción social, pensamiento distorsionado e irracional, sentimientos negativos y sensaciones corporales de incomodidad. Se ejemplifican algunas de las conductas personalizándolas en los casos de Patricia, Jaime, Laura o Arturo.

Patricia. 4 años, 1.º de Educación Infantil.
Jaime. 9 años, 4.º de Educación Primaria.
Laura. 15 años, 4.º de Educación Secundaria Obligatoria.
Arturo. 20 años, 2.º de Filosofía y Letras.

¿Qué hace o dice?, ¿qué deja de hacer?

En la timidez muchos síntomas entran dentro de la categoría de inhibición comportamental: no hablar, no actuar, no responder, y también de paralización y de interrupción de las acciones: retirar la mirada, bajar la cabeza, parar lo que se está haciendo.

Deficiencia o inadecuación de habilidades sociales

Las habilidades sociales son un nutrido conjunto de conductas necesarias para relacionarse con las otras personas, de forma efectiva y mutuamente satisfactoria. Son ejemplos de habilidades sociales: iniciar conversaciones, charlar durante un rato, saludar a los compañeros, presentarse, alabar y elogiar a otras personas, dar opinión, mostrar desacuerdo y expresar emociones.

En general, la timidez está asociada a escasa competencia social; los niños socialmente retraídos presentan notables limitaciones en conductas de interacción con compañeros y adultos. Estas limitaciones se refieren principalmente a:

a) Problemas de asertividad

Como hemos visto en el capítulo anterior, los niños tímidos exhiben un estilo de interacción pasivo e inhibido. Son más sumisos, suelen ser obedientes y siguen las órdenes de otros y así no tienen problemas; generalmente se someten a lo que dicen los otros por miedo a ser excluidos del grupo. A veces el tímido es protegido por otro niño o niña que es un mandón y actúa por él y es quien toma las decisiones y lleva las riendas de la relación estableciéndose entre ambas personas un estilo de interacción que responde claramente al esquema de dominio-sumisión; el otro manda y el tímido acata, el otro impone y el tímido se somete.

b) Problemas de comunicación interpersonal

La comunicación interpersonal se lleva a cabo mediante dos canales, verbal y no verbal y se materializa principalmente en las conversaciones.

La *comunicación verbal* es el vehículo para transmitir el contenido explícito del mensaje, es decir, las opiniones, las ideas y los pensamientos; mediante las conductas verbales se hacen preguntas y peticiones, se describen objetos, personas y situaciones, se argumenta y se disiente, se dan órdenes e instrucciones, se aportan conocimientos y se habla de uno mismo.

A este respecto podemos afirmar que los niños tímidos son poco comunicativos y reservados y les cuesta mucho intervenir en las conversaciones; raramente comparten sus ideas, problemas y opiniones; no expresan sus deseos, no dan información sobre sí mismos ni piden información a los demás.

Ocurre que la comunicación interpersonal favorece la ayuda y el apoyo social. Si un niño tiene problemas y no cuenta a los demás lo que le pasa, no encontrará consuelo y llegará a estar deprimido y triste.

La *comunicación no verbal,* también llamada lenguaje corporal, es un conjunto de conductas que acompaña a la comunicación verbal. Queremos señalar su importancia en las relaciones interpersonales ya que comunica afecto, actitudes y emociones y complementa, apoya y en algunos casos, sustituye al mensaje verbal. En las relaciones interpersonales, hay que prestar atención no sólo al contenido, lo que el sujeto expresa, qué dice, sino también al modo de expresión, cómo lo expresa, cómo lo dice. Los principales síntomas que aparecen en niños tímidos son los siguientes:

a) Aspectos no lingüísticos del lenguaje:

— Tono de voz bajo.
— Inseguridad, falta de firmeza en lo que dicen.
— Largas pausas en el flujo de la conversación.
— Alta latencia de la respuesta.
— Ritmo lento de la conversación.
— Errores lingüísticos.
— Falta de entonación.
— Baja tasa de las verbalizaciones.

b Movimientos, gestos y posturas:

— Gestos de las manos y ademanes pobres y/o nerviosos.
— Pobre expresión facial.
— Aversión de la mirada, no establecen contacto ocular.

— Excesivos movimientos de cabeza.
— Sonrisa y/o risa nerviosa.
— Pobres movimientos o expresión.
— Postura inadecuada.
— Comportamientos nerviosos como tocarse el cabello o la cara.

c) Espacio interpersonal:

— Gran distancia de interacción.
— Temor al contacto corporal con el interlocutor.

Una cuestión que se plantea habitualmente a este respecto es la siguiente: el niño tímido no se relaciona con otros porque no quiere (es poco sociable o insociable), porque no sabe (no es socialmente competente; es inhábil) o porque no puede debido a que tiene miedo; sabe, pero no puede. Para responder es preciso conocer el caso concreto: en algunos el niño no tiene las habilidades sociales y por eso se retrae y en otros casos puede tener las habilidades necesarias para relacionarse, sabe lo que tiene que hacer, no se atreve a hacerlo y no las pone en juego en las situaciones oportunas. Sabe hacer una alabanza, pero le da vergüenza.

El déficit en habilidades sociales es considerado por algunos autores como antecedente de la conducta de timidez, pero también el tener un comportamiento tímido dificulta que se adquieran las habilidades sociales. Por lo tanto la timidez puede considerarse causa y consecuencia de la inhabilidad social. En el capítulo 3, en el apartado «Relaciones entre iguales: importancia y funciones», se amplían más estos aspectos.

Lo que sí se aprecia es una cierta incapacidad del niño retraído para participar en la vida social. Son poco visibles en el grupo; permanecen siempre en un segundo plano; quieren pasar desapercibidos, o de hecho pasan desapercibidos y tienden a evitar conflictos y llamadas de atención.

La timidez inhibe las interacciones sociales y limita las oportunidades de divertirse y disfrutar con los otros: son menos activos, prefieren estar sentados que bailando, son menos independientes y autónomos (necesitan el estímulo y la supervisión de otros), no se ofrecen voluntarios, se quedan rezagados, juegan solos, tienen pocos amigos y no participan en representaciones ni en fiestas. No se atreven a hacer cosas que los demás hacen con toda soltura y naturalidad; por ejemplo, participar en la obra de teatro de la fiesta de fin de curso del colegio, cantar los villancicos, contar un chiste en el cumpleaños de un compañero, hacer el payaso cuando están preparando un trabajo con dos compañeros.

JAIME
— No participa ni pregunta en clase.
— No inicia ni mantiene conversaciones con otros niños, no saluda a los vecinos.
— No se integra en actividades de grupo.
— Si alguna vez juega con sus compañeras y compañeros, no toma iniciativas y se limita a imitar y seguir las directrices de los otros.
— Evita el contacto visual; no levanta la mirada.
— Tartamudea cuando responde a una pregunta.
— Habla solo si le preguntan.
— Contesta con monosílabos.
— Es muy sumiso y siempre hace lo que dicen los demás sin poner pegas.

LAURA
— Intenta pasar desapercibida; no quiere que le pregunten nada ni que se dirijan a ella.
— Va con la cabeza baja por el pasillo, así no tiene que saludar a nadie.

- Por propia iniciativa nunca interviene en los debates, diálogos... de clase; habla si se le pregunta directamente, pero siempre contesta lo menos posible.
- Se pone como un tomate cuando se le dice algo.
- No participa voluntariamente en actividades de grupo.
- No hace comentarios en clase.
- No expresa sus opiniones en el grupo y si se le pregunta directamente, dice «*opino como...*», su compañero anterior.
- Si tiene dudas o dificultades en el trabajo escolar, no pregunta ni a la profesora ni a los compañeros.
- No se atreve a pedir un favor.
- Tiene dos compañeras que son más conocidas y sólo habla con ellas.
- No inicia conversaciones.
- Los compañeros se aprovechan de su trabajo y ella no protesta.
- No se atreve a negarse a las cosas que le piden los compañeros.
- Sus trabajos escritos son bastante buenos, pero se corta cuando tiene que defenderlos en público.

ARTURO
- *En clase procuro sentarme atrás en un rinconcillo que no se ve mucho y al lado de otros dos chicos.*
- *Cuando tengo que hablar con una chica, me pongo malo; me bloqueo, no soy capaz de razonar, estoy pendiente con no meter la pata y lo que ocurre es que resulto de lo más antinatural y torpe. Por eso, procuro no tener que hablar con ellas.*

Exceso de conductas solitarias e inactividad

Son niños que permanecen en soledad, aislamiento y apartamiento más frecuentemente de lo que es habitual en su grupo de edad; ya hemos comentado el tema de su baja sociabilidad.

Además en determinadas circunstancias puede aparecer apatía, pasividad, lentitud o indiferencia.

PATRICIA
— Se enrola más en juego solitario que en actividades de grupo.
— Se pasa el recreo merodeando por el patio, cerca de la maestra o sentada sola esperando a que suene la señal de final de recreo.
— Siempre que puede, se queda en clase durante el recreo.
— En la representación de Navidad, eligió el papel de estrella para no tener que decir nada.
— A veces juega con otro niño, pero si vienen más, se va a otro lugar.

JAIME
— Sus padres relatan que en casa no se comunica más que lo estrictamente necesario, permanece mucho tiempo él solo en la habitación jugando con el ordenador, los videojuegos o leyendo.
— Baja por las escaleras para evitar encontrarse con algún vecino en el ascensor, ya que es la hora de más salida de vecinos.
— Apenas sale de casa.
— Se sienta hacia el final de la clase solo en una mesa, dejando alguna mesa vacía entre él y los otros compañeros.

Respuestas de evitación y escape en situaciones interpersonales

Las niñas y niños tímidos evitan activamente a los demás; como los contactos interpersonales les resultan incómodos y amenazantes, tienden a evitarlos y si no pueden eludirlos, procuran escaparse en cuanto tienen oportunidad.

> *Tal como temía, Rosa vio a un grupo de chicos jugando a las chapas.*
> *Uno de ellos, el de piernas largas y pelo rizado, era Carlos, el compañero más simpático de la clase. Rosa hubiera querido invitarlo alguna vez a merendar en su casa, pero nunca se atrevió.*
> *Un viento bastante fuerte empezó a levantar las hojas secas, mezcladas con algún billete de autobús y papeles de caramelos.*
> *Se estaba haciendo tarde y no era cosa de seguir ahí clavada, sin decidirse a cruzar la plaza. Rosa lo hizo deprisa, procurando pasar inadvertida; pero lo que sucedía siempre volvió a suceder.*
> *Después de una tirada, uno de los chicos se incorporó y, al verla, exclamó:*
> *—¡Ahí va Rosa Sosa!*
> *Los demás repitieron entre carcajadas:*
> *—¡Rosa Sosa! ¡Rosa Sosa!*
> *Ella estuvo a punto de contestarles algo feo. Sin embargo, cerró bien la boca. Si encima descubrían que estaba desportillada, la guasa iba a ser de campeonato.*
>
> (Tomado de *Rosa Sosa* de C. Vázquez-Vigo.)

Las respuestas de *evitación* se refieren tanto a la negativa explícita (no quiero ir a la excursión; no voy a ir) como a la resistencia y negativa implícita. Las respuestas de *escape* contemplan el abandonar la situación interpersonal con o sin justificación.

JAIME
— Pone disculpas (estoy acatarrado, me duele la garganta) para no salir al recreo.
— Cuando llega una visita a casa, se mete en su habitación y no sale hasta que se va.
— Cuando le invitan al «cumple» de un compañero de su clase, puede aparecer la negativa directa *«No quiero ir»* o indirecta, justificando y argumentando la conveniencia de no ir, *«nos lo pasaremos mal»*, *«no hemos comprado un regalo»*, o todavía más, posponer la hora de salir, esgrimiendo problemas con la ropa que se tiene que poner... Una vez en el cumpleaños, puede escaparse a otra habitación donde haya menos gente, y trata de irse pronto arguyendo que tiene que hacer deberes.

LAURA
— Evita las situaciones sociales; no realiza ninguna actividad extraescolar, no va al instituto cuando hay alguna actividad distinta a las estrictamente académicas (excursión, salida, fiesta...).
— Su íntima amiga le invita a una fiesta. Laura pensaba llegar un poco antes y disculparse con su amiga y marcharse, pero por un problema con el autobús llega un poco más tarde. Ella se esperaba poca gente, pero llega a la casa y entra en una habitación llena de gente... «la sensación que tuve es de que estaba desnuda en medio de aquella gente que me miraba. Dije: ¡Tierra trágame! Empecé a sudar, a temblar y a pensar que tenía que salir de allí».
— Siempre pone excusas para no ir con los otros.
— *«No tengo amigas ni amigos y fuera de las horas del instituto no suelo salir a menos que tengamos que hacer un trabajo de grupo para el instituto».*

¿Qué piensa?, ¿qué se dice a sí mismo?, ¿qué imagina?

Es muy difícil saber lo que piensa, lo que imagina y lo que se dice el niño o joven tímido. Lo sabemos por medio de autoinformes, es decir lo que él nos dice que ha pensado o imaginado y también por medio de la conducta manifiesta, sobre todo a través del lenguaje corporal ya que se asume que ciertos comportamientos corporales (por ejemplo, tensión o relajación muscular, temblores, morderse los labios, risas, tartamudeos, etc.) son signos de determinados estados emocionales internos.

Una puntualización antes de iniciar este apartado es que los adolescentes y jóvenes tímidos presentan más síntomas cognitivos que los niños.

ARTURO

— Acontecimiento: tiene que exponer en clase un trabajo que se ha preparado primorosamente.

— Pensamiento: «*Me pondré nervioso; lo voy a hacer fatal; pensarán que soy un inútil y deficiente mental. Se extrañarán de que haya llegado a la universidad*».

— Sentimiento: incomodidad, malestar en el estómago, se me seca la boca, me siento fatal.

— Actuación: Me pongo colorado, tartamudeo, se me caen los folios donde tengo el esquema, no acierto a escribir en el encerado...

Pensamientos negativos

Presentan errores y problemas al percibir y al procesar la información en situaciones de intercambio social, lo que, como veremos a continuación, contribuye a una visión distorsionada del yo y de la realidad.

a) Pensamientos negativos sobre sí mismo y autoconcepto desajustado

El autoconcepto es el conjunto de percepciones y conocimientos que tenemos sobre nosotros mismos. Responde a las preguntas ¿quién soy yo?, ¿cómo soy yo?, y por tanto indica cómo se ve a sí mismo. Por ejemplo, «*soy alta, simpática, perezosa; se me dan bien las manualidades, ¡qué patosa soy para el deporte!*». El niño tímido tiene un concepto de sí mismo distorsionado y bajo, creencias negativas y problemas de aceptación de sí mismo.

Los niños tímidos se sienten poco preparados y competentes y presentan escasa autoconfianza en situaciones interpersonales, por lo que en muchos casos evitan esas situaciones y, cuando no tienen más remedio, actúan con poca habilidad con lo que es muy probable que de nuevo fracasen. Tienen pensamientos equivocados sobre ellos mismos y generalizan y agrandan sus dificultades.

En determinados casos tienen problemas con las causas a las que atribuyen los resultados de su conducta. Los tímidos se atribuyen a sí mismos las faltas de éxito y los fracasos, autoculpándose de sus resultados negativos y sin embargo atribuyen el éxito a circunstancias ajenas, como pueden ser la suerte o la intervención de otras personas. Además contemplan el fracaso de forma estable, global e incontrolable, pudiendo llegar a considerarse incapaces de controlar los efectos o resultados de la propia conducta.

LAURA
— Cuando algo le sale bien, piensa que ha tenido mucha suerte («¡*Qué suerte que hoy el profe me ha mirado con buenos ojos!*»); cuando algo le sale mal, cree firmemente que ha sido por su culpa, aunque no haya sido así («*Se ha aburrido de hablar conmigo; no me extraña soy una sosa*»).
— «*Todo me sale mal; nadie me tiene en cuenta; no valgo para nada*». En realidad el problema es el siguiente: hoy martes mi vecina Marisa no me ha esperado a la salida de clase y se ha ido con otras compañeras.

b) **Pensamientos negativos y/o inadecuados sobre los demás**

Los errores de pensamiento hacen que tengan una serie de creencias y expectativas negativas acerca de las relaciones interpersonales lo que se materializa en:

— Desconfianza en las otras personas.
— Muy sensitivos y pendientes de las reacciones negativas de los otros. Perciben y recuerdan mucho más las cosas negativas que las positivas.
— Sobrestiman las señales de rechazo de los otros hacia ellos, aunque sólo sea una simple mirada.
— Perciben muchas situaciones como amenazantes, porque se ven evaluados y sobrevaloran las exigencias sociales.
— Creencias erróneas sobre los demás, a los que ven como poderosos, hábiles y competentes.
— Tienen una excesiva preocupación por ser evaluados por los demás, pero a su vez tienen una alta tendencia a evaluar y criticar a los demás; son muy críticos con los demás.

> ARTURO
> — Generalmente anticipa malas intenciones en los otros: *«Me ha llamado, ¿qué me querrá?, ¡seguro que me quiere sacar algo!».*
> — Cuando algo le sale mal, aunque sea una cosa nimia, piensa que es horrible y catastrófico y está un tiempo hecho polvo.
> — Considera que sus compañeros son muy hábiles, espontáneos y desenvueltos mientras que él es inhábil, torpe e inútil.

Autolenguaje negativo

El autolenguaje es lo que el niño se dice a sí mismo, su autodiálogo o charla interna. A este respecto es característico de la infancia tímida las autoverbalizaciones de autocrítica y autodesprecio.

- Autoevaluaciones negativas: *«Soy aburrido, soso, tonto».*
- Autorrestricciones rígidas: *«No debería comportarme así».*
- Anticipar consecuencias negativas: *«Se enfadará conmigo, se aburrirá; no voy a saber qué decir; si se burla de mí, me quedaré callado y será humillante».*
- Autocrítica: *«Siempre me confundo, siempre meto la pata».*

> JAIME
> — *«No lo sé hacer».*
> — *«No me sale bien».*
> — *«Yo no puedo».*
> — *«Se me da mal».*
> — *«Esto es muy difícil para mí».*

LAURA
— «¡Qué difícil! Esto no es lo mío».
— «No tengo nada de memoria».
— «Ya sabía yo que esto no podría hacerlo como los demás».
— «Soy muy aburrida».
— «No valgo para nada».

Autoconciencia excesiva y desatención a las otras personas

La persona tímida tiende a focalizar su atención y a preocuparse excesivamente de sí misma, ya sea sobre sus conductas privadas (pensamientos, sensaciones corporales...) o públicas y directamente observables por los demás (gestos, lenguaje...). Son muy conscientes de sí mismos en todo momento cuando están con otras personas. Este autointerés y autopreocupación hace que en muchas ocasiones esté ensimismada, bien soñando despierta o bien con preocupaciones constantes que se convierten en «distractores cognitivos» de la interacción.

El tímido se centra tanto en sus pensamientos, y se los cree tanto, que no presta atención a lo que las otras personas hacen y dicen. Es por ello por lo que fracasa en el momento en que tiene que ponerse en el lugar de la otra persona y comprobar lo que piensa y siente, por lo que en determinados casos se alude a su egocentrismo.

Parece que esta intensa actividad interior puede ser la causa de determinados problemas de atención y concentración que a veces presentan en el contexto escolar.

LAURA
— «*Está colgada*», «*está en la luna*», «*no se entera*», «*es medio autista*», son expresiones de sus colegas.
— Da vueltas a las cosas, las piensa y las vuelve a pensar.
— Puede no enterarse de la clase porque está todo el tiempo pensando en que el profe no le pregunte, que no la mire, que no diga nada sobre ella o para ella.

¿Qué siente?, ¿qué sensaciones corporales experimenta?

Las emociones y los sentimientos son acontecimientos privados difíciles de captar excepto a través del autoinforme del niño o de la conducta manifiesta, especialmente la comunicación no-verbal, o por medio de las respuestas corporales que describimos más adelante.

Autoestima y autovaloración negativa

La autoestima es la valoración, positiva o negativa, que uno hace de sí mismo y viene a ser el resultado de la discrepancia entre como uno mismo se percibe y el ideal que le gustaría ser, de forma que una gran discrepancia produce una baja autoestima. A este respecto se señala en la infancia y juventud tímida:

— Tendencia a subestimarse e infravalorarse.
— Sentimientos de inferioridad y diversos complejos.
— Escasa autoconfianza.
— Algún grado de autoexigencia y autocrítica.
— Autoculpa y autodesprecio.

Ansiedad social y miedos

Como hemos señalado previamente el niño tímido tiene miedo fundamentalmente a la evaluación negativa y a ser rechazado. Ambos son miedos interpersonales, ya que su principal temor son las otras personas y es que tiene miedo a los demás porque generalmente les juzga superiores, sintiéndose inferior ante ellos.

Evolutivamente, la naturaleza de los temores infantiles pasa desde miedos físicos (al daño físico, a la oscuridad, a los animales, a seres imaginarios) a miedos sociales, de los que son ejemplos el miedo a ser rechazado, miedo al fracaso y al ridículo y el temor a qué decir o hacer en situaciones interpersonales. Sin embargo, parece que en los niños tímidos esos temores sociales son más precoces, más frecuentes, más intensos y persistentes. La timidez supone un cierto temor a situaciones de carácter social e implica, de alguna manera, miedo a la crítica y a la evaluación negativa.

Teme aquellas situaciones que impliquen evaluación, como son expresar una opinión, hacer una pregunta, exponer en la clase, leer en voz alta o responder ante un grupo, ya que las otras personas pueden considerarle incapaz o inútil y, por otra parte, muestra una gran necesidad de ser querido y aceptado y tiene miedo a ser rechazado, motivos por los que suele mostrarse sumiso y constantemente conciliador.

Tienen miedo al ridículo ya que se encuentran incompetentes, se sienten inferiores, no saben qué hacer en esa situación y no tienen recursos; por ejemplo, ante una pregunta incómoda un chico hábil contesta con otra pregunta, utiliza el sentido del humor o da un corte.

Otros miedos que se encuentran en este grupo son: a los extraños, a no gustar a los otros niños, a ser considerado inepto, a meter la pata, a no hacer las cosas como esperan de ti, a la intimidad y a revelar sus sentimientos a una persona en privado.

JAIME
— Siempre ha tenido fuerte miedo a lo desconocido y fundamentalmente a los extraños y a las personas que no controla.
— Dispuesto a renunciar a sus deseos en pro de los deseos de los demás, pensando en que le acepten y le quieran. «*Si me niego a hacer esto, Juan no será mi amigo*».

ARTURO
— «*Me horroriza meter la pata, ser observado, ser rechazado, ser el centro de atención, equivocarme delante de gente...*».
— Dudas que le asaltan:
¿me aceptarán?
¿qué pensarán de mí?
¿qué esperan de mí?
¿me sentiré aislado y solo?

Emociones negativas

Dentro del mundo emocional se diferencia entre:

— Emociones positivas, aquellas cuya experiencia subjetiva es placentera y agradable; producen bienestar. Son ejemplos: alegría, tranquilidad, felicidad, humor, optimismo, altruismo, satisfacción, cariño, confianza, amor y diversión.
— Emociones negativas, aquellas cuya experiencia subjetiva es desagradable o displacentera. Son ejemplos: vergüenza, enfado, aburrimiento, temor, nerviosismo, pena, miedo, furia, preocupación, disgusto, agresión y ansiedad.

En el niño tímido se aprecia sobreemocionabilidad e hipersensibilidad, de forma que le acompañan un variado elenco de emociones, generalmente de matiz negativo, que le hacen pasarlo mal y le ocasionan a veces bastante incomodidad y/o sufrimiento. Entre ellas están: depresión e infelicidad, pena, tristeza, indecisión, soledad, culpabilidad, vergüenza. Su temple emocional es triste; no se ríen ni disfrutan apreciándose que muestran pocas emociones positivas del tipo de entusiasmo o ilusión. A veces aparece también una mezcla de sentimientos: miedo-interés, agrado-tensión.

Junto a estos sentimientos, en algunos momentos aparecen también emociones de malhumor, irritabilidad, enfado y cólera, presentando a veces inesperados estallidos de ira contra ellos mismos y contra los demás. Se informa, y son los padres los que suelen aportar información al respecto, que el niño tímido con sus personas más íntimas sí se atreve y en ocasiones suele resultar tirano y orgulloso. Comentaba una madre: «*Fuera de casa es una mosquita muerta, pero en casa es una mandona*». Parece que tienen tensión y rabia contenida y a veces explotan.

LAURA
— Siempre está triste y apesadumbrada.
— Muy insegura.
— Muy nerviosa y en tensión constante, aunque a veces parece que ni sufre ni padece.
— Generalmente está muy apagada y como infeliz, pero a la vez está inquieta y tensa.
— En los últimos tiempos se la ve «muy nerviosa y malhumorada».
— Episodios violentos, estallido de cólera, portazo y salida de la habitación llorando.

Sensaciones corporales de incomodidad y malestar

Los niños y adolescentes tímidos informan de diversas sensaciones y síntomas corporales que suelen resultarles muy molestos. Estos síntomas son el resultado de alta activación fisiológica. Entre ellos están:

— Palpitaciones y latido del corazón acelerado.
— Boca seca.
— Temblores.
— Agitación.
— Sudores.
— Abatimiento y debilidad física.
— Necesidad de orinar.
— Aturdimiento.
— Enrojecimiento, rubor y/o palidez.
— Náuseas y sensaciones diversas en el estómago.
— Miedo a perder el control, a volverse loco o tener un ataque al corazón.
— Sensaciones de malestar difuso y generalizado.

Muchas de estas sensaciones son totalmente privadas mientras que otras pueden apreciarse por las otras personas, por ejemplo el rubor. Cuando esto ocurre, aumenta la ansiedad y también la probabilidad de tener aún más sensaciones corporales.

PATRICIA
— Se restriega las manos.
— Se pisa los pies.
— Suda y resopla.
— Necesita orinar frecuentemente; un día se hizo pis, por no pedir permiso.

LAURA

— Experimenta fuerte ansiedad cuando es observada.
— Le sudan las manos cuando está trabajando en grupo.
— Se le pone un nudo en el estómago.
— Se ruboriza por cualquier cosa.
— «*El corazón parece que se me va a salir del pecho*».

Tareas

Haga una descripción clara y lo más pormenorizada posible de las conductas de su hijo. Para ello:

— Observe más; póngase las gafas de ver.
— Converse más con él, pregúntele; trate de adivinar lo que piensa, pero pregúntele, ofrézcale confianza.
— Empatice con su hijo. Métase en sus zapatos y viva un día con su hijo (en el colegio, con los compañeros, en la discoteca...) y trate de entender lo que piensa, lo que siente y lo que hace y dice.

Esta descripción le ayudará después, cuando lleguemos al capítulo 5, a concretar aspectos a trabajar:

— Qué conductas quiere cambiar: aumentar, disminuir, enseñar, fortalecer.
— Qué se tiene que cambiar de la situación.
— Qué ha de cambiar usted y los adultos que interactúan con el niño tímido.

1.ª. Vaya anotando conductas que manifiesta su hijo:

— Cosas que hace.
— Cosas que dice.

- Cosas que no hace, que se inhibe de hacer y cree usted que tendría que hacer o que estaría bien que hiciera.
- Sentimientos y emociones.
- Dificultades que encuentra.
- Éxitos y fracasos.

2.ª. Si lo cree oportuno, anote también en algunas conductas:

- Número, cuántas veces ocurre.
- Con qué intensidad y/o duración.
- Dónde ocurren.
- Cuándo.
- Con quién está cuando ocurren.
- Qué pasa antes de esa conducta; qué pasa después de que el niño ha hecho esa conducta.

3.ª. Para ayudarse en la observación de algunas conductas puede utilizar *hojas de registro* similares a las que proponemos.

En el ejemplo se trata del registro semanal durante el tiempo de la cena de la frecuencia de dos conductas: hacer y/o responder a las preguntas de los hermanos y los padres.

	Hacer preguntas	Responder a las preguntas
Lunes		
Martes		
Miércoles		
Jueves		
Viernes		

En algunos casos puede ser el propio chico el que registre sus conductas. En el ejemplo se trata de registrar la frecuencia de cuatro conductas durante el fin de semana.

	1	2	3	4	5	6	7	8	9	10
Digo cosas positivas a otras personas										
Doy mi opinión en una conversación										
Saludo										
Me digo cosas positivas a mí mismo										

¿Por qué se es tímido?

Desarrollo social.
    La socialización.
    Familia y desarrollo social: el apego.
    Estilos educativos parentales.
    Necesidades socioemocionales en la infancia.
    Relaciones entre iguales: importancia y funciones.
    Evolución de la conducta social en la infancia y en la adolescencia.
Causas de la timidez.
    Se nace tímido.
    Se aprende a ser tímido.
    La timidez no tiene una sola causa.
Desarrollo, mantenimiento y fortalecimiento de la timidez.
Tareas.

> — ¿Qué necesitan los niños para un adecuado desarrollo social y emocional?
> — ¿Qué papel juega la familia en el desarrollo social temprano?
> — ¿Influye la dinámica y el estilo de la familia en cómo son los hijos?
> — ¿Por qué son importantes las relaciones interpersonales en las edades infantil y adolescente? ¿Para qué sirven?

Si queremos analizar la conducta de timidez y saber cómo se origina y se mantiene, es preciso primeramente detenerse a reflexionar en torno al desarrollo social normal para dejar claro qué ocurre cuando se altera este proceso y hay problemas.

Desarrollo social

Aunque la evolución durante la infancia y la adolescencia tradicionalmente se contempla en tres aspectos: físico-biológico, intelectual y socioemocional, nosotros vamos a centrarnos en el desarrollo social, ámbito al que todavía hoy no se presta la suficiente atención y, hasta se descuida y olvida, frente a la importancia indiscutible que se da tanto al desarrollo físico, como a los aspectos intelectuales (inteligencia, memoria, estrategias de aprendizaje, razonamiento...). No obstante, el desarrollo emocional y social es un tema que está tomando un gran auge en los últimos años al constatar su importancia y relevancia para la persona y al comprobar el grado en el que contribuye al bienestar personal e interpersonal.

La conducta social se aprende y se desarrolla a lo largo de todo el ciclo vital. Las conductas sociales de las que son ejemplos jugar con otros niños, reaccionar agresivamente, ser amable con los adultos, etc., se van aprendiendo a lo largo de la vida. Ningún niño nace simpático, tímido, agresivo o socialmente hábil. Cuando un niño nace, no sabe jugar con otros, mantener una conversación o pelearse con los demás y, todas estas conductas y la mayoría de lo que un niño hace, piensa y siente, las va aprendiendo merced a la relación que tiene con otras personas, adultos y niños en el largo proceso de socialización.

La socialización

Para estudiar el desarrollo social, tenemos que tener presente la socialización, que es el proceso mediante el cual las niñas y los niños y adolescentes adquieren las pautas de comportamiento, creencias, normas, costumbres y actitudes propias de la familia y del grupo cultural y social al que pertenecen. Este proceso es una interacción entre el niño y su entorno interpersonal, principalmente los agentes sociales son:

— Personas: madre, padre, hermanos y hermanas, otros familiares, amigos, compañeros, profesorado y otras personas.

— Instituciones: familia, escuela.
— Medios de comunicación social y tecnologías de la información y la comunicación.
— Objetos: libros, juguetes, aparatos, máquinas.

Es obvio que los niños y adolescentes de hoy son el resultado de la compleja influencia de todos estos agentes de socialización que actúan en unas circunstancias temporales y espaciales concretas. Algunos aspectos del desarrollo se logran en el contexto familiar; otros aprendizajes tienen lugar en los centros educativos, pero muchos otros se hacen en la calle, con las y los colegas, en la televisión, en el cine, o a través de Internet.

Además, para entender este proceso, hemos de prestar atención al momento histórico y al marco social actual en el que estamos inmersos. A nadie se le ocultan los fuertes cambios sociales y culturales que estamos experimentando de los que son muestra: la familia que ha modificado sensiblemente tanto su estructura como su funcionamiento y el rol que desempeña en la socialización de sus miembros; los medios tecnológicos que han irrumpido de forma brusca y llamativa en nuestra vida; los medios de comunicación que, en determinadas circunstancias, llegan incluso a suplantar al resto de referentes y agentes socializadores; la sociedad multiétnica y multicultural consecuencia de la inmigración; la sociedad erotizada, consumista y hedonista; los «padecimientos» de nuestro tiempo como son estrés, ansiedad, soledad, aislamiento, analfabetismo emocional, agresividad, depresión y tristeza, irritabilidad, apatía...; la violencia que empapa la sociedad apreciándose una notable permisividad e indiferencia hacia determinadas formas de violencia como la verbal o la exclusión social.

Los niños no lo tienen fácil; a pesar de que su bienestar material ha mejorado sensiblemente, viven hoy en unas condiciones más difíciles: agobios, estrés, abandono emocional, sobreexigencias...

Familia y desarrollo social: el apego

La familia es una de las influencias más tempranas y duraderas en el desarrollo social de los niños. En la familia comienza la socialización y el niño encuentra sus primeros y más importantes objetos de relación y apego. Durante los dos primeros años, la familia tiene una importancia capital para la conducta de relación interpersonal ya que es el contexto único, o principal, donde crece el niño y actúa como filtro y es llave para otros contextos decidiendo, por ejemplo, la incorporación a la guardería o posibilitando contactos sociales con otros niños.

La familia posee unas características que la hacen especialmente importante para el desarrollo social de la prole. Éstas son:

a) *Impacto.* Desde la temprana infancia instruyen y enseñan al niño conductas sociales, llaman su atención, responden a sus sonrisas, son modelos y, en definitiva, le van enseñando qué comportamientos interpersonales se esperan de él.

b) *Estabilidad y durabilidad.* Los padres están presentes durante mucho tiempo, a lo largo de la infancia, de la adolescencia y actualmente también en la juventud, ya que se ha retrasado el momento de emancipación de los jóvenes.

c) *Oportunidades.* En la familia aparecen oportunidades sociales muy diversas; con la familia se pueden aprender muchas conductas, en muchas situaciones y con muchas personas.

d) Reforzamiento. Los padres son poderosos agentes de facilitación de la interacción porque son una poderosa fuente de reforzamiento y recompensa para los niños.

Cuando hablamos de las relaciones interpersonales tempranas, hemos de aludir al concepto de apego.

APEGO
— Afecto, cariño o estimación hacia una persona o cosa.
— Vínculo.
— Lo que ata, une o relaciona a las personas o las cosas.

El *apego* es un vínculo afectivo que establece el bebé con las personas que lo cuidan, las personas que interactúan con él de forma privilegiada, que se denominan «figuras de apego» (padre, madre, abuelo, *canguro...*).
Este vínculo se forma a lo largo del primer año de vida y se manifiesta en:

a) Conductas observables del bebé, de las que son ejemplo las llamadas de atención, la vigilancia y seguimiento visual o auditivo de las figuras de apego y las conductas motoras de aproximación, todo con el objetivo de conseguir mantener la proximidad con la persona a la que se está apegado.

El bebé sentado en su mecedora mira a su padre que se ha levantado del sofá, sigue sus pasos y emite unos gritos de llamada de atención hasta que su padre se le acerca y le hace una carantoña y le dice: ¿qué quiere la cosa más bonita del mundo?

b) Sentimientos asociados a las personas con las que el niño está vinculado:

— Seguridad, bienestar y placer que están asociados a la proximidad y contacto con las figuras de apego.
— Ansiedad cuando se producen separaciones de las figuras de apego o dificultades para restablecer el contacto con ellas.

c) Pensamientos y formas de ver el mundo porque, en estas relaciones tempranas, se empiezan a desarrollar modelos internos respecto a uno mismo y respecto a las otras personas.

Las interesantes investigaciones sobre el apego nos indican que el vínculo que el bebé establece con sus cuidadores puede ser de apego seguro, inseguro y/o ansioso.

— Cuando el apego es *seguro*, se aprecia seguridad emocional, bienestar y placer en el niño que se siente psicológicamente seguro y acompañado.
— Cuando el vínculo establecido es *inseguro*, aparecen niños inestables, inseguros, ansiosos y que experimentan soledad. El apego inseguro es debido a cuidados parentales inadecuados u hostiles y puede ser consecuencia de experiencias tempranas de rechazo y/o ignorancia por parte de las figuras de apego y también de circunstancias de vida caóticas y estresantes.

Respecto a la importancia del apego para las relaciones interpersonales con los iguales es preciso reseñar que el esquema temprano de relaciones se generaliza a todas las relaciones subsecuentes y así el niño con apego seguro, cuando entra en la escuela, tiene la expectativa de que el profesorado continuará con los cuidados que le daban en casa, mientras que el niño que tiene apego ansioso a las figuras de apego, es probable que continúe así en la escuela. Se sabe que:

a) Existe relación entre apego seguro con las figuras de apego e interacciones exitosas con los iguales. Parece que, para que la interacción entre compañeros se desenvuelva adecuadamente, es necesario que el sujeto haya desarrollado con anterioridad la seguridad que proporciona una correcta relación con los adultos.

b) Por el contrario, una inadecuada relación con la figura de apego que no proporciona al niño la suficiente seguridad e independencia, dificulta y reduce su interacción con los otros niños, lo cual le impide adquirir destrezas sociales por lo que fracasa en los pocos intentos que tiene de acercarse a los iguales; este fracaso tiende a disminuir aún más su sentido de competencia social y por tanto aumenta la probabilidad de aislarse y ser rechazado por los otros. Este aislamiento implica que el niño se relaciona menos con los iguales y, por lo tanto, tiene menos oportunidades para observar, practicar y ser reforzado por la adquisición de habilidades nuevas y más complejas.

Estilos educativos parentales

Como venimos señalando repetidamente, en todo este proceso de desarrollo social de las criaturas es de vital importancia el papel que desempeñan las figuras de crianza, el estilo de paternaje, el estilo educativo de la madre y del padre, las creencias y valores paternos respecto a la crianza de la prole y las estrategias de socialización que utilizan.

Cuando se habla de la socialización de la familia, se consideran dos dimensiones básicas:

— Comunicación-afecto de los padres hacia los hijos, que se refiere a la sensibilización de los padres hacia las necesidades de su hijo o hija, aceptación de su individualidad, comunicación, diálogo y afecto que expresan.

— Disciplina, control y exigencias de madurez, que se refiere a las estrategias de supervisión que los padres utilizan para lograr el cumplimiento de las normas.

En función de cómo se articulan estas dos dimensiones, se contemplan cuatro estilos de interacción familiar que aparecen en el siguiente esquema.

	Afecto y comunicación (alto)	
ESTILO PERMISIVO		ESTILO INDUCTIVO O DE APOYO
Control (bajo)		Control (alto)
ESTILO NEGLIGENTE		ESTILO AUTORITARIO
	Afecto y comunicación (bajo)	

a) Estilo autoritario:

- Caracterizado por alto grado de control y bajo grado de afecto y comunicación.
- Las madres y los padres autoritarios ejercen un alto control sobre sus hijos, no se comunican con ellos, exigen obediencia y no muestran explícitamente gran afecto por ellos.
- Los hijos tienden a ser hostiles, descontentos, retraídos y desconfiados.

b) Estilo permisivo o indulgente:

- Caracterizado por alto grado de afecto y comunicación y bajo grado de control.
- Los padres y las madres permisivos son afectuosos, razonan con sus hijos, pero son excesivamente condescendientes, no controlando ni exigiendo demasiado de ellos.
- Los hijos tienden a ser menos competentes, menos seguros de sí mismos y más dependientes.

c) Estilo inductivo, de apoyo (también llamado democrático):

- Caracterizado por alto grado de afecto y comunicación y alto grado de control.
- Las madres y los padres democráticos combinan el control y la exigencia con las muestras explícitas de afecto y la comunicación con sus hijos.
- Los hijos tienden a estar seguros de sí mismos, controlados y autónomos.

d) Estilo negligente:

— Caracterizado por bajo grado de afecto y comunicación y bajo grado de control.
— Los padres y las madres negligentes no controlan las conductas de sus hijos e hijas y tampoco les muestran afecto y cariño.
— Los hijos tienen muchos problemas emocionales y afectivos.

La familia, en los últimos años, está experimentando numerosas y profundas transformaciones como lo demuestra el retraso en la edad de ser madre, el descenso en la fecundidad (1,25 hijos por mujer), la diversidad de las familias actuales (monoparentales, homoparentales, nuevas tipologías) y los cambios, bastante significativos, en la socialización de los hijos, pudiéndose apreciar un cierto descuido en las tareas socializadoras tradicionalmente encomendadas y consideradas como competencia del núcleo familiar. Son ejemplos de ello: padres y madres desbordados y agobiados, inseguros (*«¿lo estaremos haciendo bien?, ¿nos estaremos pasando?»*), o que muestran dejación y dimisión y no ejercen el rol de padre o madre (*«yo con este chico tiro la toalla porque no sé por donde entrarle»*). Sociológicamente parece que se está produciendo una palpable tendencia a mayor permisividad, negligencia y abandono de los hijos en el contexto familiar, especialmente en los aspectos emocionales y afectivos. Se llega a hablar de «familia nominal» para hacer referencia a las familias que, sin ser conflictivas, se limitan a una coexistencia pacífica más que convivencia participativa. Sin embargo la familia tiene que estar muy atenta, contribuyendo activamente al desarrollo de la competencia personal y social de la prole.

Necesidades socioemocionales en la infancia y adolescencia

Un niño, desde el momento de nacer, tiene unas necesidades físico-biológicas, cognitivas, emocionales y sociales que los adultos hemos de ayudar a satisfacer para que su desarrollo se produzca de forma adecuada. La satisfacción de muchas de estas necesidades se realiza en el entorno social más cercano en el que vive el niño y son los adultos, generalmente aunque no exclusivamente los padres, los encargados de estas tareas de socialización temprana. La persona, como ser social que es, solo resuelve sus necesidades básicas en la relación con los demás.

Las principales *necesidades físico-biológicas* son: alimentación, vestido, refugio, abrigo, seguridad y protección de peligros físicos, descanso, actividad física (ejercicio, juego), higiene, cuidados sanitarios, etc. Son claramente aceptadas por todos y son, en cierto modo, indiscutibles ya que se considera que para que una criatura crezca, es preciso alimentarla, vestirla, asearla y proporcionarle el resto de los cuidados físicos indicados.

Los *aspectos cognitivos* son los referidos, entre otros, a pensamiento, inteligencia, percepción, razonamiento y estrategias de aprendizaje, motivación, estimulación sensorial, del lenguaje, de la inteligencia, de la memoria... Las criaturas necesitan de la relación con otras personas para desarrollar sus capacidades y para aprender; para conocer el mundo que les rodea y el significado de las cosas y las personas, las normas de convivencia y los valores de la sociedad. Los niños necesitan aprender y, por tanto, tenemos que provocar su aprendizaje a través del estímulo de la curiosidad, interés, deseos de aprender y con el desarrollo del esfuerzo y de la motivación de logro.

Las principales necesidades emocionales y sociales son las siguientes:

1. *Seguridad emocional.* El niño necesita sentirse querido, valorado, seguro, aceptado y protegido; necesita aceptación total y sentirse querido tal y como es; necesita estar seguro de que le quieren. Implica que los adultos han de proporcionar afecto, aceptación, disponibilidad...

    Si se da respuesta, el resultado son niños seguros, con autoconfianza, buen autoconcepto, que saben dar y recibir afecto. Las figuras de apego y cuidadores principales aportan protección incondicional y disponibilidad total, lo que produce sentimientos de bienestar y estabilidad emocional. Por el contrario, si esta necesidad no está cubierta, aparecen niños inestables, inseguros, ansiosos, que se sienten con falta de valía y que experimentan soledad.

2. *Intimidad corporal.* Se refiere a la necesidad de recibir caricias, abrazos y besos y acariciar, besar, abrazar. En la infancia esta necesidad se satisface con las figuras de apego, por medio del contacto corporal y de la interacción lúdica, que es muy física, mientras que posteriormente estas necesidades se satisfacen en las relaciones sexuales.

3. *Apoyo social.* A medida que el niño crece necesita una red de relaciones interpersonales más amplia que la familia y que está formada por amigos, iguales, familiares y conocidos.

    A partir de los dos años aparecen los iguales que no son incondicionales, como ocurría con las figuras de apego, sino que exigen una relación de igualdad y reciprocidad. La sociabilidad va evolucionando hasta llegar a la adolescencia, que supone una creciente influencia del grupo de iguales y el establecimiento de vínculos afectivos más fuertes como la amistad y el enamoramiento.

La respuesta a esta necesidad de relación con otros niños implica que los adultos expongan al niño a experiencias diversas y situaciones sociales variadas, proporcionándoles oportunidades de aprender y practicar habilidades sociales con otros niños y niñas de similar edad y características. Si no se da respuesta aparecen problemas de relación interpersonal y de aceptación social.

4. *Autonomía progresiva y participación activa.* Los niños tienen que hacer las cosas por sí solos y han de ser tenidos en cuenta por los adultos que les rodean. Esto implica estimular la independencia y autonomía progresiva. Para ello hay que asignar responsabilidades y poner límites; los niños tienen que saber lo que pueden y no pueden hacer, lo que deben y no deben, lo que se espera de ellos; lo que está permitido y lo que está prohibido. Todo ello utilizando una disciplina positiva, ¡sin necesidad de castigos!

Si no se da respuesta a esta necesidad, pueden aparecer problemas derivados de la sobreprotección y presencia excesiva de los padres; los niños se hacen dependientes.

Es preciso dejar claro que estas necesidades que hemos descrito son básicas y generales, y en cierto modo «imprescindibles», para que se produzca un buen desarrollo en todos los niños y niñas, pero hay que tener en cuenta que además de éstas, habrá otras necesidades individuales, ya que cada niño o adolescente es único e irrepetible.

Relaciones entre iguales: importancia y funciones

Entre las tareas evolutivas que las y los niños tienen que ir logrando está la de relacionarse adecuadamente con otros chicos y tener amigos. Para ello es necesario que adquieran, practiquen y pongan en juego en sus contactos interpersonales una serie de conductas y habilidades sociales de las que son ejemplo: saludar, hacer una crítica, expresar una alabanza, disentir de otros, ofrecer consuelo y ayuda, expresar su opinión, resistirse a las presiones del grupo y muchas otras.

Los niños pueden establecer relaciones con adultos y con otros niños y niñas; lo importante a resaltar es que existen diferencias entre las relaciones niño-adulto y las relaciones niño-niño. En las relaciones niño-adulto, el adulto ejerce el control mientras que en las relaciones niño-niño, el control es más recíproco. Se utiliza la expresión «relaciones entre *iguales*» para referirse a estas interacciones niño-niño, porque la principal característica es precisamente que los interactores son iguales o muy parecidos en cuanto a edad, intereses, características o roles, de forma que están en una posición social semejante. Además se caracterizan por ser paritarias y simétricas y se regulan básicamente por la ley de la reciprocidad entre lo que se da y lo que se recibe.

Las relaciones entre iguales en la infancia contribuyen significativamente al desarrollo del correcto funcionamiento interpersonal y proporcionan oportunidades únicas para el aprendizaje de habilidades específicas que no pueden lograrse de otra manera ni en otros momentos; las experiencias de interacción con los iguales son críticas para el desarrollo normal en la infancia. La evidencia disponible sugiere que el desarrollo sociopersonal en la infancia y adolescencia contribuye al bienestar personal e interpersonal, al bienestar subjetivo, al rendimiento y logros escolares y sociales y a la salud mental. Los niños que son socialmente competentes son queridos por sus compañeros y amigos, resultan agradables a los adultos y, a largo plazo, consiguen más éxitos escolares y una mayor adaptación al entorno social. Son numerosas las investigaciones que señalan la relación existente entre competencia social y logros escolares, sociales y ajuste personal.

Por otra parte, los datos alertan de las consecuencias negativas que la inhabilidad interpersonal tiene para la persona tanto a corto plazo en la infancia como a medio y largo plazo en la adolescencia y en la vida adulta.

Y es que en el marco de las relaciones entre iguales, se posibilita la experiencia, adquisición y práctica de aspectos tan relevantes como los siguientes:

— Conocimiento de sí mismo y de los demás; se favorece el proceso de identificación y el desarrollo y fortalecimiento del autoconcepto.
— Reciprocidad, necesidad de dar para poder recibir e intercambio en el control de la relación; unas veces dirijo yo y otras el otro niño.
— Empatía: habilidad para percibir y ver una situación desde la perspectiva del otro; es la habilidad para ponerse en el lugar del otro.
— Colaboración, cooperación y ayuda, lo que supone trabajar junto a otros niños intercambiando el control de la relación, facilitando la tarea común y haciendo que resulte agradable para las y los participantes.
— Autocontrol y autorregulación de la propia conducta en función de la información que se recibe de los otros porque los iguales actúan como agentes de control reforzando o castigando determinadas conductas. Si Carlos pega a los compañeros dirán: «*Profe, no queremos jugar con Carlos porque es muy bruto*».

— Apoyo emocional, ayuda, consuelo, compañerismo y establecimiento de vínculos afectivos y de amistad.
— Fuente de disfrute, diversión y complicidad.
— Estrategias sociales de negociación y de acuerdos.
— Aprendizaje de aspectos sexuales ya que se intercambian informaciones, se exploran unos a otros, se hacen descubrimientos.
— Desarrollo moral y aprendizaje de valores y normas, pues con los iguales se explora el mundo social no familiar.

En la relación con los iguales se encuentra afecto, intimidad, alianza, ayuda, apoyo, compañía, aumento del valor, sentido de inclusión, sentimientos de pertenencia, aceptación, solicitud, y muchas otras cosas que hacen que el niño tenga sentimientos de bienestar y se encuentre a gusto. Además, el microsistema de los iguales y la cultura de grupo está compuesta de normas, ritos, pautas, rutinas, convenciones, costumbres, creencias, hábitos de comportamiento, valores y actitudes. El grupo de iguales tiene una gran importancia en el aprendizaje del rol sexual, en el desarrollo moral y en el desarrollo de normas y valores. Las habilidades más sofisticadas, de las que son ejemplo negociar, intercambiar, compartir, defenderse, crear normas, cuestionar lo injusto..., se desarrollan fundamentalmente en las interacciones entre compañeros.

También es preciso resaltar que en las relaciones entre iguales aparecen inevitablemente conflictos y problemas que los niños tienen que aprender a afrontar y solucionar. Muchas veces se han de afrontar interacciones sociales difíciles de las que son ejemplo: dar una negativa, decir que no y rechazar peticiones que nos hacen otras personas, defenderse ante amenazas e intimidaciones, preguntar por qué, hacer y responder a quejas y reclamaciones, afrontamiento de presiones de grupo, hacer peticiones y ruegos, manifestar los propios deseos, pedir cambios de conducta y defender lo propio, manejar el rechazo y la exclusión de un grupo, afrontar y responder ante un desprecio, hacer frente a las intimidaciones y responder a las bromas y burlas.

Pero también muchas conductas desadaptadas suelen realizarse en grupo y en muchos casos sirven para aumentar la cohesión y/o la pertenencia al grupo. Se ha de tener presente la influencia que puede tener el grupo y los iguales ya que en ocasiones hacen cosas porque se ven obligados a ello porque las hacen las y los demás, o se lo *exigen*. Sobre todo los adolescentes reciben fuertes presiones del grupo de iguales. El chico y la chica adolescente tienen que aprender habilidades de supervivencia en un grupo, a responder ante las provocaciones y presiones del grupo, a detectar cuándo se sienten atrapados en un grupo o pandilla y no pueden salir, a no aceptar pandillas donde no pueden expresar sus opiniones y deseos o no se les tiene en cuenta, o se sienten manipulados.

Concretamente en algunas ocasiones estas relaciones igualitarias se ven amenazadas pasando a ser desequilibradas, regulándose por el *esquema dominio-sumisión*; hay algunos que dominan y otros que se someten o son sometidos.

En resumen, hay un alto grado de consenso en la idea de que las relaciones entre iguales en la infancia proporcionan oportunidades únicas para el aprendizaje de habilidades específicas que no pueden lograrse de otra manera ni en otros momentos y que la inhabilidad social en la infancia constituye un claro factor de riesgo y de vulnerabilidad para variados desórdenes, por lo que podemos concluir este apartado afirmando que la competencia social tiene una importancia crítica tanto en el funcionamiento presente como en el desarrollo futuro del niño.

Evolución de la conducta social en la infancia y en la adolescencia

Como hemos expuesto en apartados anteriores, inicialmente las relaciones interpersonales se llevan a cabo con los adultos y progresivamente van apareciendo los otros niños y niñas. La interacción social se incrementa progresivamente a lo largo del desarrollo; la sociabilidad aumenta con la edad.

Los estudiosos del tema establecen una secuencia con una serie de pasos y fases a lo largo de la edad infantil y adolescente. Hay que matizar que las edades son orientativas y hay que tener en cuenta la individualidad y las circunstancias de cada niño.

1. *Infancia temprana: hasta los 2 años*

— Preferencia por los miembros de la propia especie sin llegar a establecer diferencias entre quienes interactúan con él. El bebé cuando nace es un ser activo, orientado hacia las personas a las que prefiere por encima de animales u objetos y con gran capacidad de aprendizaje; se llega a hablar de una conducta social preprogramada (hasta los 7 meses).
— Interacción privilegiada con la figura o figuras de apego sin rechazar a los extraños. Esto tiene lugar aproximadamente entre los 3 y los 7 meses.
— Interacción privilegiada con la figura o figuras de apego y rechazo a los extraños. Ocurre hacia la segunda mitad del primer año, entre los 7 y los 12 meses. Junto al miedo a los extraños, se presenta ansiedad de separación e incomodidad cuando la persona que le cuida se va.

— Conflicto entre apego e independencia y búsqueda de autonomía personal; se produce a partir del primer año.

2. *A partir de los 2 años*

En el segundo año los bebés se hacen más sociables y empiezan a manifestar su interés por otros niños y es a partir de este momento cuando las interacciones con los iguales empiezan a tener un verdadero sentido. De todas formas hay notables diferencias individuales y se presentan como más sociables los niños de temperamento desinhibido, los que tienen madres sociables y los que acuden a guarderías.

En esta edad el juego, la actividad lúdica es el foro en el que se ejercitan las relaciones con otros niños. Se observa que el juego libre evoluciona desde:

— Juego en solitario (entre 2 años y 2 años y medio); el niño juega solo.
— Juego paralelo (entre 2 años y medio y 4 años); el niño juega *junto a,* pero sin colaborar.
— Inicio del juego cooperativo (a partir de 4 años y medio); el niño *juega con* los otros, lo que supone jugar con compañeros de forma transitoria y pasajera.

3. *A partir de los 6 años*

— Es el inicio de la cooperación mutua (entre 6 y 12 años).
— Aparece la amistad, lo que supone relaciones íntimas mutuamente compartidas. Tener un amigo íntimo a partir de los 9 años es un hito evolutivo importante para el crecimiento social. Es ya

una relación de compromiso y sistemática entre ambos, ya que los amigos se vuelven posesivos y demandan exclusividad. Las chicas suelen tener una o dos amigas íntimas, mientras que los chicos tienen más amigos, pero menos íntimos (de 9 a 15 años).
— Interdependencia autónoma. Desde los 12 años se empieza a producir un equilibrio entre la dependencia y la autonomía.

4. *Adolescencia*

En la adolescencia se constata una progresiva independización y desvinculación del grupo familiar y, simultáneamente, aparece una creciente y marcada influencia del grupo de iguales. Pero, ¡atención las familias!, se trata de un distanciamiento relativo ya que todavía necesitan el apoyo emocional para afrontar los difíciles y complejos desafíos que se les van presentando en este período.

En esta edad, hay necesidad de pertenecer a un grupo, de sentirse miembro y partícipe de un grupo y sentirse valorado, aceptado y tenido en cuenta por las y los compañeros. Y además de la relación grupal, también se necesita tener amigos íntimos. A este respecto, el proceso interpersonal es el siguiente: primero el grupo o pandilla de un solo sexo, posteriormente la pandilla mixta y finalmente el surgimiento de parejas.

Causas de la timidez

— ¿Por qué se produce la timidez?
— ¿Por qué unos niños son más tímidos que otros?
— ¿Por qué los niños se retraen de las relaciones con sus iguales?, ¿dónde, cuándo, con quién aparece la timidez?, ¿cómo se origina?, ¿cómo se inicia?, ¿a qué se debe que mi hijo tenga miedo a relacionarse con otras niñas y niños?
— ¿Se nace tímido o se aprende a comportarse como tímido?
— Yo soy tímido, ¿mi hija también lo será?, ¿por qué se corta?, ¿por qué es tan apocado?
— ¿Por qué mi hija es tan tímida y mi hijo no lo es si educamos igual a los dos?
— ¿Tenemos nosotros la culpa de que sea tímido?

La respuesta a estas preguntas es bastante difícil ya que la etiología, el estudio de las causas y antecedentes de la timidez es un tema complejo que no está totalmente clarificado en la actualidad. Sabemos algunas cosas del desarrollo de la conducta interpersonal, pero desconocemos muchas otras; sí se sabe más respecto al mantenimiento de las conductas de timidez.

Las teorías que pretenden dar cuenta de las causas y orígenes de la timidez se diferencian en dos grupos: las que defienden que se nace tímido, lo que supone predisposición heredada, y aquellas otras que propugnan que se aprende a ser tímido, lo que implica al contexto interpersonal en el que se vive. Sin embargo el estado actual de conocimientos nos lleva a apuntar hacia la multicausalidad de la timidez; la timidez no tiene su origen en una sola causa, sino en varias que además interactúan y se influyen entre ellas, de forma que se ha de hablar de muy diversos factores de riesgo relacionados con la vulnerabilidad del niño hacia las conductas de timidez. La timidez es un fenómeno multideterminado en el que están implicados tanto la herencia como el aprendizaje y será preciso hacer un estudio para establecer que está ocurriendo en cada caso concreto.

Aunque nuestro interés no es explicar el origen último de la timidez, vamos a detenernos a comentar las principales teorías con el propósito de ir desgranando los principales factores de riesgo asociados a ella, a fin de desarrollar estrategias de prevención y de intervención y porque además, en algunos casos, estas teorías se refieren también y dan cuenta de las consecuencias y de los riegos de la timidez y de cómo se mantiene y desarrolla.

Se nace tímido

Según estas teorías, la timidez se explica por una predisposición hereditaria general, concretamente temperamental. Tradicionalmente se ha considerado que el temperamento es la parte de la personalidad constituida por factores biológicos, genéticos y constitucionales y, por lo tanto, parece ser la parte de la personalidad más refractaria al cambio, aunque como se verá a continuación, no es completamente inmodificable.

Se han realizado distintas investigaciones tratando de esclarecer diversos aspectos relacionados con el temperamento. A título ilustrativo sintetizamos algunos de los hallazgos que pueden ayudar a comprender los orígenes de la conducta socialmente inhibida y retraída.

El equipo del profesor Kagan de la Universidad de Harvard estudia el temperamento de los bebés y encuentra que pueden categorizarse en tres grupos distintos:

a) Un primer grupo que estaría constituido por cerca del 10% de los niños recién nacidos y cuya principal característica es que, ante estimulación social nueva, por pequeña que sea, reaccionan con activación psicofisiológica manifestada en rubor, taquicardia y lentitud en la reducción de dicha activación. Este grupo fue catalogado como de *inhibición o timidez*. Ante una situación-problema, estos niños tímidos tenían el latido cardíaco más rápido y una mayor dilatación pupilar que los otros.

b) El segundo grupo que se etiquetó como *desinhibición, espontaneidad u osadía,* aparece en el 10% de los recién nacidos y es el polo opuesto a lo descrito en el grupo anterior.

c) El tercer grupo, que supone el 80% de los recién nacidos estaría entre ambos extremos.

Estos investigadores hacen seguimiento de los bebés y encuentran que, según las opiniones de los padres y el profesorado, el rasgo de timidez persiste a los siete años y medio en la mayoría de los casos de los niños del primer grupo.

Otro grupo de estudios se refieren a los realizados con gemelos y encuentran que: *a*) el índice de concordancia de las medidas de timidez es mayor en los gemelos univitelinos (los gemelos nacidos de un mismo óvulo), *b*) el grado de timidez de los hijos está inversamente relacionado con el grado de sociabilidad de las madres; los niños muy tímidos, tienen madres poco sociables.

Otro grupo trata de estudiar el temperamento de niños adoptados nada más nacer. Encuentran que la timidez del niño se puede predecir teniendo en cuenta la sociabilidad de la madre biológica y por ejemplo a los dos años, los niños se parecen a su madre biológica en cuanto a la timidez. Pero tiempo después adquieren conductas sociales del estilo de las de sus padres biológicos y llegan a parecerse a las madres adoptivas.

Haciendo una integración y apretada síntesis de los principales hallazgos de estas investigaciones resaltamos que:

1. Las criaturas nacen con un temperamento que puede representarse a lo largo de un continuo limitado por dos polos, inhibición y espontaneidad, de forma que, en principio, parece que hay un cierto apoyo empírico a la transmisión hereditaria de conductas de timidez, es decir, existe una predisposición biológica para responder de forma tímida, que serían los niños situados en el extremo de la inhibición.
2. Pero a medida que pasa el tiempo, no todos aquellos niños que eran catalogados como tímidos en los primeros meses de su vida, siguen siendo etiquetados como tímidos en los años posteriores. ¿Qué ocurre?, ¿cómo es que cambia el temperamento?

Se aprende a ser tímido

La conducta de timidez se adquiere y se va aprendiendo a lo largo del desarrollo: el niño tímido se hace.

Problemas de apego y del estilo educativo parental

Las relevantes aportaciones de los estudios del apego precisando que el apego del niño con el cuidador principal es uno de los principales factores relacionados con la capacidad para hacer amigos, aportan claves para entender la conducta socialmente tímida y, aunque no hay apoyo empírico, parece que puede establecerse una conexión entre apego inseguro y retraimiento social.

Cuando el vínculo establecido es inseguro y ansioso, la cualidad de la relación padre-hijo resultante será de inseguridad en el niño; este sentimiento de inseguridad produce una creencia complementaria de incompetencia y falta de valor personal en el propio niño o niña ya que como hemos señalado previamente se desarrollan modelos internos respecto a uno mismo y respecto a las otras personas. Los sentimientos de inseguridad en la infancia temprana llevan a una carencia de las actividades de exploración, lo que resultará en déficits en habilidades impersonales e interpersonales. Estas representaciones cognitivas de sí mismo y de los demás contribuyen a ansiedad, inhibición y retraimiento en situaciones sociales nuevas. Todo ello hace que se produzca una interacción precoz menos frecuente y/o menos satisfactoria con padres, hermanos..., lo que se consolidará en un estilo de respuesta tímido. En síntesis, desde la teoría del apego, el comportamiento retraído es visto como un fracaso en las relaciones iniciales de apego.

Otro elemento a tener en cuenta es el estilo de paternaje, el estilo educativo de la madre y del padre. Como hemos señalado en este mismo capítulo en el apartado sobre estilos educativos parentales, los estilos autoritarios, permisivos y negligentes pueden acarrear problemas de retraimiento, inseguridad e inhibición.

Además, son de vital importancia las creencias y valores paternos respecto a la crianza de la prole y las estrategias de socialización que utilizan de las que a título ilustrativo señalamos: grado de promoción de la competencia social, facilitación o no de contactos sociales, exposición a situaciones interpersonales nuevas y variadas. La estimulación social que hacen los padres (relaciones con vecinos, juegos colectivos...) correlaciona directamente con el grado de desenvoltura social de los niños. La exposición a situaciones sociales diversas facilita la adquisición de habilidades sociales y disipa los temores sociales iniciales. Por el contrario, una familia con pocas relaciones sociales no estimulará a su hijo para que se relacione mucho y los padres inhibidos y tímidos o poco sociables evitan exponerse a sí mismos y a sus hijos a situaciones sociales. En las investigaciones sobre este tema se encuentra que los padres de los bebés tímidos, llevan una vida menos activa socialmente y no se exponen a nuevas situaciones sociales ni ellos ni sus bebés. Así los niños no aprenden repertorios de habilidades sociales y aprenden respuestas de inhibición y/o de evitación. También puede aparecer sobreprotección y presencia excesiva y superprotectora de padres y/o hermanos que se adelantan siempre y actúan antes que el niño, no dejándole oportunidades de actuar, lo que facilita las respuestas de evitación o escape.

David y Adela son educados en una familia con un estilo de interacción autoritario, cuyo padre no admite que se le replique ¡NUNCA!, y cuya madre está de acuerdo en que la disciplina férrea es fundamental para que los hijos no se desvíen. Son frases del padre:

«Los hombres nunca lloran; llorar es de mariquitas; ¿no querrás parecer una niña, verdad David?».

«Así me gusta, las niñas tienen que ser dóciles y permanecer calladitas».

Vanesa y Eduardo, por el contrario, viven en una familia con un estilo democrático de funcionamiento, donde se estimula la expresión de deseos y sentimientos conjugándola con la responsabilidad y la exigencia y se respetan los derechos personales de todos y cada uno de los miembros. Son frases de la madre: *«Vanesa, ya verás como te va a salir muy bien; pon atención y cuidado y seguro que te sale fantástico; ¡qué joya de hija tengo!»*. Y el padre, hablando con Eduardo señala: *«No me extraña que estés triste y llores; yo te entiendo perfectamente ya que a mí me pasó algo parecido cuando...».*

Sintetizando, la conducta de timidez puede originarse en las primeras etapas del desarrollo como consecuencia de un problema en las relaciones de apego, de estilos educativos parentales inadecuados y de la inadecuada o insuficiente estimulación social que hacen los padres. Muchos aspectos de la timidez son aprendidos y desarrollados en el entorno familiar y cultural por diversos mecanismos que explicamos en el apartado sobre «Desarrollo, mantenimiento y fortalecimiento de la timidez».

Problemas en la interacción con los iguales

¿Qué sucede con los niños que no se relacionan con otros niños o se relacionan poco o de forma insatisfactoria?

Como ya se ha puesto de manifiesto en este mismo capítulo la tremenda importancia de las relaciones entre iguales, lo que hay que resaltar aquí, porque es importante, es que el niño tímido no interactúa con sus iguales y está perdiendo preciosas oportunidades de aprender y practicar habilidades muy necesarias para su desarrollo evolutivo (empatía, negociación, iniciación de interacciones...). También está perdiendo todo el caudal de reforzamiento social, de apoyo social y disfrute que son las relaciones entre iguales. El niño tímido, como evita las interacciones sociales, tiene limitadas las oportunidades de disfrutar con los otros.

Todo ello conlleva una serie de desajustes ya que la incompetencia social se relaciona con un variado elenco de dificultades como son baja aceptación, rechazo, ignorancia y aislamiento, problemas emocionales y escolares, desajustes psicológicos y psicopatología infantil, delincuencia juvenil y diversos problemas de salud mental en la vida adulta. Los niños y niñas que no saben relacionarse adecuadamente con otros niños, no son queridos ni aceptados por sus compañeros; con el tiempo, si su inhabilidad social persiste, estos niños llegan a estar aislados y retraídos de los demás o sufren rechazo por parte de otros, todo lo cual hace que experimenten dificultades de adaptación personal, escolar y social. Es por ello también por lo que cuando un niño no tiene amigos o encuentra dificultades al relacionarse con sus iguales, aparecen sentimientos de tristeza, ansiedad, baja autoestima... y agresividad. En síntesis los niños tímidos están privados de la oportunidad de interactuar con los demás y corren el riesgo de presentar ciertas dificultades emocionales.

Dentro de la teoría del aprendizaje se han utilizado varias hipótesis para explicar las dificultades de interacción de los niños tímidos y retraídos: la del déficit de habilidad, la cognitiva y la de interferencia.

Según la hipótesis del *déficit de habilidades,* los problemas de la niña o niño tímidos se explican porque el sujeto carece de los repertorios conductuales y de las habilidades necesarias para establecer y mantener relaciones sociales. Si el niño no sabe por ejemplo saludar, decir que no o pedir favores, no será hábil para mantener interacciones y se inhibirá en las situaciones interpersonales.

La hipótesis *cognitiva* señala que las experiencias tempranas de la criatura van construyendo y desarrollando un estilo de pensamiento peculiar y característico de cada uno que va a influir en sus emociones y en su conducta. Si la criatura sufre experiencias tempranas negativas, desarrollará pensamientos erróneos y distorsionados, ideas irracionales, autolenguaje negativo, y aprenderá a tener una visión negativa de sí mismo y de las otras personas.

La hipótesis de *interferencia,* llamada también del déficit de ejecución, afirma que el sujeto tiene o puede tener en su repertorio habilidades adecuadas, pero no las pone en juego porque factores emocionales y cognitivos interfieren en su ejecución. El sujeto puede saber cómo comportarse en una determinada situación y no hacerlo por ansiedad. Entre las variables interfirientes, sin ánimo de ser exhaustivos, reseñamos: ansiedad, miedo, autoafirmaciones negativas, creencias irracionales, déficits en percepción y discriminación social, pensamientos de autoderrota, distorsiones cognitivas, errores atribucionales, autolenguaje negativo, expectativas de autoeficacia negativas y autoconciencia excesiva. Por ejemplo, Maruja sabe cómo decir a Carmelo que juegue con ella, pero no lo hace porque teme que le diga que no, como ocurrió el otro día.

Además, a lo largo del desarrollo de las conductas de interacción social puede haber momentos especialmente vulnerables para que el niño se retraiga. Evolutivamente, el miedo interpersonal está bastante presente en la infancia y se acentúa en la adolescencia, disminuyendo posteriormente con la madurez; en la edad adulta se mitigan sus efectos.

— En los primeros años, es «normal» sentir temor en muchas de las situaciones interpersonales porque comportan novedad e incertidumbre.

- A los 2 años, se producen avances cognitivos en autoconciencia y por tanto es un período donde puede aparecer una mayor sensibilidad interpersonal.
- Entre 4 y 5 años aparece la vergüenza.

— En la preadolescencia se entra en la cumbre de la autoconciencia. Muchas de las conductas de retraimiento y aislamiento tienen que ver con problemas del aspecto físico: tipo, peso, dientes, altura, pelo, piel-acné, vestido...

— En la adolescencia pueden aparecer conductas de timidez en situaciones muy concretas, como pueden ser las relaciones sexuales o las presiones de grupo.

— A partir de la juventud, y progresivamente, se va aprendiendo a afrontar y tener control sobre los diferentes y complejos retos interpersonales que la vida va presentando.

Experiencia traumática

Hay que considerar que en algunos casos el niño puede retraerse como resultado de un evento traumático o de acontecimientos vitales adversos consecuencia de los cuales el niño ve tambaleada su seguridad personal, baja su autoestima y aparecen miedos y temores.

La timidez puede ir asociada o ser una consecuencia de:

— El nacimiento de un hermano menor, la pérdida de un ser querido o de una mascota, la entrada en la guardería, enfermedad de padre o madre, cambio de domicilio o colegio, ruptura o divorcio entre padres.

— Maltrato infantil o abuso sexual; por ejemplo, la niña que es sexualmente abusada por un adulto que la exige silencio, puede sentirse culpable y retraerse de las relaciones con las amigas.

— Maltrato entre iguales; el niño que es intimidado por sus compañeros de clase se retrae. Este aspecto se trata con más detalle en el capítulo 4.

— El haber vivido eventos especialmente impactantes como son atentado terrorista, catástrofe natural, haber presenciado asesinatos o violencia familiar doméstica continuada. En estos casos puede generarse *estrés postraumático,* lo que implica la experimentación repetitiva del suceso y los sentimientos que produce (pensamientos recurrentes, pesadillas...).

Además se está siempre con el permanente temor de que vuelva a ocurrir, apareciendo otros síntomas como estado de hiperalerta, problemas de sueño, sentimientos de culpa, dificultades de concentración y memoria, evitación de actividades e intensificación de los síntomas ante estímulos relacionados con el evento.

La repercusión de estos hechos traumáticos tiene mucho que ver con los recursos personales del niño; puede limitarse a ser un período transitorio de inhibición o la conducta de retraimiento puede desarrollarse y fortalecerse hasta instalarse en el estilo personal de interacción. Por eso es necesario prestar atención a la posible ocurrencia de experiencias difíciles y a cambios que se produzcan en la conducta de su hijo.

La timidez no tiene una sola causa

Los datos actuales hacen patente que la conducta tímida se explica por una interacción entre distintas variables personales (disposición temperamental), variables interindividuales (apego, relaciones entre iguales) y variables ambientales (experiencias de socialización, recursos psicosociales, clima social...).

Inicialmente se puede hablar de una predisposición genética, de una vulnerabilidad biológica hacia la timidez que sería la inhibición temperamental.

A continuación, entran en juego las primeras relaciones interpersonales y todo lo relacionado con el apego. Estas interacciones tempranas son cruciales, bien para favorecer y reforzar la predisposición biológica o bien para reducirla y minimizarla.

En el momento de nacer, el niño posee unas características diferenciales (físicas, motoras, perceptivas, temperamentales, etc.) que van a condicionar sus interacciones con el medio. No todos los recién nacidos son iguales: unos son más irritables, otros son más activos...; estas diferencias temperamentales influyen tanto en el tipo de respuestas que emiten los niños hacia sus cuidadores, como en las respuestas de los cuidadores hacia ellos, marcando importantes diferencias tempranas en los procesos interactivos afectivos, cognitivos y conductuales.

Ante un hijo con temperamento inhibido al nacer, los padres pueden actuar de dos formas:

1. Adoptar una postura de superprotección del niño, evitar que se altere, calmarle y consolarle y no exponerle a nuevas situaciones o a situaciones potencialmente difíciles. Los padres asumen que su hijo es así, «*es muy parado y muy tranquilo*» y, en consecuencia, le estimulan poco y refuerzan su tendencia a la inhibición.

2. Adoptar una postura de afrontar las dificultades y las perturbaciones, que supone la incomodidad que muestra el niño en determinadas situaciones; los padres actúan para incidir y modificar el comportamiento inicial del bebé, le ayudan y apoyan y no refuerzan sus llantos e inhibiciones y le exponen a nuevos retos. Así la madre, que está encantada con su primer hijo, le estimula, le provoca, le expone a aprendizaje sin error y promueve y refuerza ostensiblemente sus respuestas de espontaneidad.

La evolución de la conducta se explica por la conjunción de factores biológicos y ambientales, como se irá viendo a continuación. Ocurre que las predisposiciones heredadas, interactúan con variables situacionales, especialmente con la conducta de los padres y las figuras de apego.

Después de un cierto tiempo, el niño ya tiene un primer repertorio (adecuado y adaptativo o inadecuado) de comportamientos, sentimientos y cogniciones en relación a las situaciones de interacción social. Por contacto directo, observación, información, es decir los procesos de aprendizaje, el niño va manteniendo o modificando su repertorio inicial. El repertorio inadecuado hará que las situaciones sociales se vean como amenazantes; el fracaso del niño en esas situaciones hará que el sujeto crea que no es capaz de enfrentarse eficazmente a esos retos interpersonales y su conducta de timidez e inhibición se desarrollará y consolidará. El niño ansioso-inseguro cuando llega a la escuela tiende a evitar a los desconocidos, es reticente para explorar nuevos ambientes y se mantiene solo, lo que reduce las oportunidades de interacción y por tanto las posibilidades de aprender las conductas sociales y cognitivas que se fomentan en la interacción. El fracaso en las relaciones aumenta los sentimientos de ansiedad y aislamiento. Este aislamiento emana del niño; el niño se aísla del grupo. Pero, a la larga, hacia la mitad y el final de la primera infancia, acaba en el rechazo y la exclusión por parte del grupo. A todo ello hay que añadir la posible ocurrencia de algún evento traumático.

Factores de riesgo y factores de protección de la timidez

En consonancia con esta perspectiva interactiva, y a modo de conclusión de lo expuesto en este apartado, es menester destacar que respecto a la conducta de timidez existen unos factores de riesgo y también unos factores de protección de forma que la vulnerabilidad a la timidez en cada niño en concreto va a depender del equilibrio y la conjunción entre ambos factores.

Factores de riesgo	Factores de protección
— Temperamento inhibido. — Apego inseguro-ansioso. — Estilo parental autoritario, negligente o permisivo. — Escasa estimulación social temprana. — Padre o madre socialmente incompetentes o tímidos. — Escasas experiencias de relación con iguales. — Deficiencias en habilidades sociales. — Ansiedad social. — Pensamientos negativos y distorsiones cognitivas. — Acontecimientos vitales estresantes. — Evento traumático.	— Alta expresividad emocional temperamental. — Apego seguro. — Padres socialmente competentes. — Estilo parental positivo, inductivo o de apoyo. — Competencia social. — Redes de apoyo social. — Interacción recíproca y satisfactoria con los iguales. — Relaciones de amistad. — Integración grupal.

Desarrollo, mantenimiento y fortalecimiento de la timidez

Teniendo en cuenta nuestra perspectiva aplicada y práctica, no tenemos tanto interés en los factores etiológicos últimos que desencadenan la timidez, cuanto en aquellos otros aspectos que contribuyen a su desarrollo y están actualmente manteniendo, e incluso fortaleciendo, el comportamiento social inhibido.

La conducta de timidez se desarrolla, se mantiene y se fortalece por alguno o varios de los siguientes mecanismos de aprendizaje:

1. *Reforzamiento positivo*

Las respuestas de timidez son directamente recompensadas. El niño obtiene reforzamiento y beneficios y recibe atención por su conducta tímida.

La madre acaricia a la niña cuando se muestra tímida y le da vergüenza y no saluda a una vecina que se encuentran en el ascensor.
La profesora da un caramelo a Carlos porque es el alumno que más callado ha estado en la clase; ¡no ha abierto la boca!

Sucede también que el comportamiento interpersonal de un niño juega un papel vital en la adquisición de reforzamientos sociales, de forma que la escasa interacción contribuye a un pobre reforzamiento social positivo. Si el repertorio social de un niño es reforzado pocas veces, muchos comportamientos importantes pueden resultar suprimidos o extinguidos.

2. *Ignorancia de las respuestas adecuadas de interacción*

Cuando el niño hace o dice algo adecuado y socialmente competente y las personas con las que está no hacen ni dicen algo positivo, esa conducta no sólo no se fortalece, sino que llegará a extinguirse.

Félix por fin se atreve a preguntar en clase y la maestra, a pesar de que siempre le está diciendo que pregunte, no le dice nada, ni siquiera le hace un gesto de aprobación.

Acontece que el niño tímido, a la larga, no es reforzado por los iguales que acaban por no prestarle atención (no le preguntan, no se dirigen a él...), cuando alguna vez habla o participa. Esto conlleva una reducción progresiva de la interacción hasta que el niño tímido queda aislado y solo, con lo que se reducen las oportunidades de relación y de participación.

3. Castigo de las conductas de interacción adecuada

En algunos casos, cuando se producen las interacciones son castigadas; por ejemplo, van seguidas de burlas, humillaciones, reprimendas, amenazas...

Paula, se atreve por fin a contar un secreto a sus amigas y ellas se mueren de risa y se lo cuentan a todo el mundo.

Rocío durante el tiempo de recreo en el colegio, aunque le cuesta mucho, se dirige a dos compañeros que están jugando a la pelota y les dice que si puede jugar con ellos y le contestan que no y además la humillan («no queremos que juegues con nosotros porque eres muy sosa jugando al balón»).

Si ella recibe a menudo negativas de este tipo, terminará inhibiéndose y evitando muchas de las situaciones interpersonales en las que tiene que hacer demandas a los demás.

4. Observación de modelos tímidos e inhibidos

La conducta tímida se explica por exposición a modelos tímidos y retraídos junto a carencia de modelos sociales asertivos y seguros. El niño aprende a ser tímido oyendo y observando cómo sus padres, sus profesores u otras personas relevantes temen y evitan determinadas situaciones sociales. Los modelos a los que el niño y la niña se ven expuestos a lo largo del desarrollo son muy variados y entre ellos están hermanos y hermanas, primos, vecinos, amigos, padres, profesorado y adultos en general. También son muy importantes y de notable impacto los modelos simbólicos, entre los que destacan los de la televisión.

Marta observa que la profesora elogia a su compañera de mesa, Ana, que es una niña muy inhibida y permanece sola y callada.

Un niño puede adquirir temor a hablar en público, si hace una pregunta a la profesora de una duda que tiene y ésta le dice: «*Ya lo he explicado y no te has enterado; estás en las nubes*» (esto sería castigo), pero también por observación de lo que la profesora hace y dice a otros compañeros cuando preguntan y les riñe, les avergüenza y les amenaza con suspenderles.

En algunos casos se juzga como heredado algo que se ha adquirido por observación continua y repetida de los padres y otras figuras significativas (hermanas, compañeros...). Un padre que afirma de su hijo tímido: «*le viene de familia; es idéntico a mí*», no aprecia que a lo largo de los cinco años de vida de su hijo le ha estado mostrando conductas como: no salir de casa con amigos, recibir a poca gente en casa, no expresar sentimientos y decir cosas como «*ya te decía yo que no jugaras con los niños que son muy malos y te pegan*».

«*A mí también me gustaría mucho tenerlos, pero mi madre siempre me dice que no me fíe, en absoluto, de los amigos, que sólo lo son a veces y por interés, que cuando menos te lo esperas te dejan de lado, y que solo me puedo fiar de ellos, de mi padre y de mi madre, que ellos sí me querrán siempre*».

(Adela, 10 años, hija única. Tomado de *Mi hermano mayor* de M. Company, p. 65.)

5. Asociación de situaciones interpersonales con ansiedad y temor

Determinadas situaciones interpersonales, por un mecanismo de condicionamiento clásico, se asocian con cosas desagradables como ansiedad, malestar, temor, incomodidad... con lo que el niño llega a temer a esas personas o situaciones. Ello dará lugar a las respuestas de escape o de evitación.

Valle teme a los otros niños después de que la han mordido, le ha salido sangre y le han roto su juguete. Raúl no quiere salir al encerado, porque el otro día el maestro le chilló y le humilló delante de toda la clase; él se puso colorado, le temblaba la voz y al final rompió a llorar delante de todos.

Para la mayoría de los niños y niñas, gran parte de las conductas interpersonales (jugar, charlar, recibir alabanzas, etc.) son reforzadores importantes, pero hay un pequeño grupo de niños para los que estas situaciones se han asociado con ansiedad y malestar y no lo son. Generalmente los otros suelen ser una fuente de placer, pero también pueden llegar a ser un peligro o una amenaza para determinadas criaturas.

Todo esto hace que se presenten conductas de escape y/o evitación. La ansiedad social y el fracaso que el niño experimenta en las situaciones interpersonales, le impulsa a evitar dichas situaciones. Esto contribuye a que el niño se pierda, se prive de los beneficios de las relaciones entre iguales. Si además actúa en la situación interpersonal y fracasa, esto aumentará su ansiedad social.

6. Reforzamiento negativo

Este mecanismo explica el mantenimiento de las respuestas de evitación. La ansiedad que el niño tímido experimenta en las situaciones interpersonales se reduce por la evitación o escape del estímulo desagradable. El niño escapa o evita situaciones sociales que le resultan incómodas y amenazantes, evitando iniciar o responder a contactos interpersonales, reforzando negativamente las conductas de aislamiento. Por ejemplo quedarse en casa, en vez de bajar al parque, se refuerza porque se evita el estar con los otros niños y niñas con los que anticipa se va a encontrar a disgusto.

El niño se aísla y se retrae porque la evitación de la ansiedad asociada a la relación interpersonal, se convierte en reforzamiento negativo; no relacionarse es un alivio.

Tareas

1.ª. *Reflexión y análisis*

Antes de continuar con la lectura le sugerimos que reflexione y comente con su pareja, con los abuelos... respecto a:

a) Cuándo y cómo ha aparecido y se ha generado la conducta de timidez de su hijo. Repase el proceso que acabamos de exponer: temperamento, experiencia social temprana, relaciones con los iguales...
b) Aspectos que actualmente están manteniendo la conducta de timidez de su hijo.

Hágalo con el fin de entender más a su hijo y tener información para planificar cambios.

2.ª. *Acróstico*

Escriba características de los estilos familiares.

D **E** **A**fecto **P** **O** **Y** **O**	**A** a**U**toridad **T** c**O**ntrol **R** poco car**I**ño **T** obedienci**A** ó**R**denes incomunica**I**ón **O**
P **E** **R** **M** **I** **S** **I** **V** **O**	**N** d**E**jadez **G** **L** **I** **G** **E** aba**N**dono **T** **E**

3.ª. *Palabras cruzadas*

Se ha producido un cruce entre los *agentes sociales* implicados en el proceso de socialización de niños y adolescentes. Los señalados con * se refieren a personas.

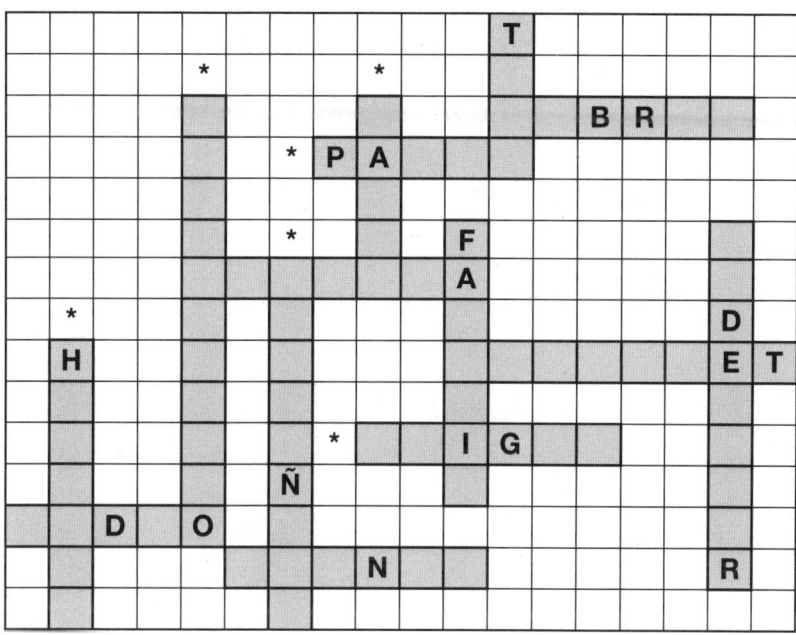

Solución: Al final del libro.

4.ª. *Mensaje secreto*

En el móvil de tu hija encuentras este mensaje. ¿Podrías descifrarlo?

m gst sntrm krd, vlrd, acptad, prtgd i rsptad

Solución: Al final del libro.

 ¿Qué consecuencias y pronóstico tiene ser un niño tímido?

La timidez está asociada con otros problemas.
Problemas de aceptación social: ignorancia, rechazo y exclusión social.
Intimidación o maltrato entre iguales.
Maltrato infantil y abuso sexual.
¿Bajo rendimiento escolar?
Conductas desajustadas en la adolescencia.
Estabilidad de las conductas de timidez.
Futuras consecuencias de la timidez.
Tareas.

— ¿Tiene consecuencias negativas el ser tímido durante la infancia?
— ¿Qué riesgos y qué peligros tiene ser tímido?
— Si una niña es tímida en la infancia, ¿seguirá siendo tímida en la adolescencia y cuando sea adulta?
— ¿Cómo puede afectar a su vida futura?
— ¿La timidez se cura?, ¿qué pronóstico tiene?

La timidez está asociada con otros problemas

Como se ha dejado patente en el capítulo 2, la timidez en las edades infantil y juvenil es, en sí misma, un problema que entorpece el desarrollo normal. La timidez está asociada y aparece en conjunción con muy diversas dificultades que hacen sufrir al niño o niña que la padece. A lo largo de lo que venimos exponiendo, se ha hecho referencia a la baja competencia interpersonal, a los pensamientos distorsionados, a dificultades interpersonales y a muy diversos trastornos en el desarrollo emocional (inseguridad, ansiedad, soledad...) que no vamos a repetir aquí, pero, además de lo allí expuesto, vamos a dejar constancia, siquiera brevemente, de algunos riesgos que corren los niños y adolescentes tímidos por el hecho de exhibir una conducta socialmente retraída.

Conviene matizar y poner de relieve en este punto que la timidez puede ser vista como causa, origen o factor desencadenante de otros problemas; por ejemplo el niño tímido se convierte en el blanco perfecto de burlas e intimidaciones de un grupo de compañeros de la clase pero, también como consecuencia de otros problemas, los compañeros no le aceptan y empieza a retraerse y a inhibirse cuando está con ellos.

Mohamed es marroquí y desde que ingresó en el instituto encuentra que sus compañeros no le aceptan; esto le hace sufrir y cada vez se va cerrando más en sí mismo.

Problemas de aceptación social: ignorancia, rechazo y exclusión social

Se entiende la aceptación social como el grado en que un niño es querido y aceptado en su grupo de iguales y a este respecto se diferencian cinco grupos sociométricos categorizados de acuerdo a los siguientes criterios:

— Aceptados: son los niños que tienen alta aceptación y bajo rechazo; son queridos y tienen muchos amigos.
— Rechazados: son los niños que tienen baja aceptación y alto rechazo; no son queridos.
— Ignorados: son los niños que tienen baja aceptación y bajo rechazo; son olvidados en la dinámica del grupo.
— Controvertidos: son los niños que tienen alta aceptación y alto rechazo; tienen tantos amigos como enemigos.
— Medios: son los niños que tienen aceptación media y/o rechazo medio.

A este respecto hay que indicar que el niño tímido puede tener una baja aceptación social en el grupo de compañeros. Existe un grupo de niños con conducta tímida que tienen también baja aceptación social entre sus compañeros ya que son ignorados o rechazados por ellos, pero dicho esto, es preciso detenerse y hacer unas puntualizaciones que aclaren las posibles relaciones entre el comportamiento tímido y la aceptación social.

Respecto a los *ignorados*, hay un peligro en considerar que ignorancia sociométrica y retraimiento son fenómenos equivalentes. Sin embargo los datos empíricos señalan que esto no es así ya solamente un pequeño subgrupo de los ignorados, son los que presentan aislamiento social de forma mantenida y continuada y problemas de ansiedad social.

> *Me cuesta mogollón intervenir en las conversaciones. A veces me desanimo porque, encima, cuando me armo de valor y logro intervenir, mi opinión ni se nota, es ignorada y nadie la tiene en cuenta, ¡cómo si no hubiera dicho nada! Para mis compañeros es como que no existo; vamos que soy un cero a la izquierda para ellos. Esto es muy duro para mí.*
>
> (Trozo de un diario de un adolescente.)

> *Siempre he tenido la impresión de ser invisible. Nadie me ha tenido en cuenta. Si falto a clase, nadie lo nota; si hay una fiesta de cumpleaños se les olvida invitarme...*
>
> (Estudiante de 1.º de Bachillerato.)

Atendiendo a la categoría de *rechazados,* las más recientes aportaciones señalan que se han identificado dos causas diferentes del rechazo: la agresividad, que está relacionada con comportamiento hostil, y el retraimiento, referido a comportamientos tímido-retraídos y dificultades internalizadas. Esto supone que dentro de los rechazados, un pequeño subgrupo lo son por su comportamiento retraído y ansioso. Así queda patente en las justificaciones del rechazo o no aceptación que dan algunos niños: «*Es muy tímida*», «*es muy soso y no habla con nadie*», «*se corta mucho y lo pasas mal cuando le ves tan nervioso*».

Los niños tímidos se convierten en aburridos, pesados y difíciles de aguantar por los demás que intentan a veces estimular, agradar... pero que se cansan. Las conductas de los tímidos influyen negativamente en la percepción que los otros tienen de ellos. Les ven como incompetentes, poco amigables y menos atrayentes... Por esto pueden ser ignorados y rechazados.

Además hay que considerar la edad de los sujetos ya que hasta los diez u once años, la timidez y el retraimiento social no se perciben como categoría diferencial por parte de los iguales. Los más pequeños no perciben el retraimiento social, no etiquetan a sus compañeros como retraídos, y por tanto no les rechazan. Es a partir de los 10 años cuando los iguales perciben, recuerdan y notan las conductas de timidez e inhibición y no les gustan y empiezan a rechazar a los niños tímidos. Inicialmente el niño se retrae y se aísla del grupo y es en la infancia media cuando es aislado por el grupo, ya sea rechazado o ignorado (la forma más benigna de no aceptación).

Es distinto retraerse del grupo que ser excluido o rechazado por el grupo.

No todos los niños tímidos son ignorados por los demás.

No todos los niños tímidos son rechazados por los demás.

Una última consideración para dejar constancia de que, en este punto, persisten dudas respecto a determinadas relaciones causales y quedan sin respuesta clara algunos interrogantes ya que, en este momento, no se está en condiciones de especificar si es la timidez la causa de la baja aceptación, es decir la timidez previa del niño es el origen de la ignorancia o el rechazo, o si ocurre al revés, la falta de aceptación social es la causa de la timidez.

Algunas de las explicaciones esgrimidas al respecto son las siguientes:

— ¿Por qué se llega a rechazar a un niño tímido?
Sus conductas expresión de la timidez (tartamudear, indecisión, eludir la mirada...) no son reforzantes para los otros, bien al contrario, se convierten en aversivas. Además los niños retraídos evocan menos respuestas sociales positivas en los iguales y, a la larga, se produce una baja tasa de interacción.

— ¿Por qué la baja aceptación conduce a la timidez y a la inhibición?
El niño no aceptado se hace sensible a la anticipación de la evaluación social negativa y ésta es la que dispara el comportamiento inhibido durante la interacción social.

Intimidación o maltrato entre iguales

El tema de la intimidación o maltrato entre compañeros, que en las últimas décadas ha sido ampliamente investigado en otros países, está empezando a considerarse en nuestro país.

Hablamos de «maltrato entre iguales», que se suele denominar con el anglicismo *bullying* cuando un chico, o un grupo, pega, intimida, acosa, insulta, humilla, excluye, incordia, ignora, pone en ridículo, desprestigia, rechaza, abusa sexualmente, amenaza, se burla, aísla, chantajea, tiraniza, etc., a otro chico, de forma repetida y durante un tiempo prolongado, y lo hace con intención de hacer daño. Es el maltrato físico, psicológico, sexual o social sistemático de un chico hacia otro.

Cuando hablamos de intimidación entre compañeros hay que tener en cuenta a:

— El intimidador o agresor, que provoca el maltrato.
— La víctima, que sufre la intimidación y está indefensa.
— Las y los espectadores, compañeros que observan, conocen y/o sospechan los actos de intimidación, pero no suelen hacer nada.

Un intimidador (con fuerza física y/o poder psicológico), sin ninguna razón, se mete con un chico o una chica más débil (física o psicológicamente) y, además, lo hace reiteradamente y nadie de los que lo observan le dice o hace nada para evitarlo, cortarlo o pararlo.

Por lo tanto el *bullying* no es un conflicto o problema entre iguales (un enfado, una divergencia, una faena...), ni una broma puntual (esconderle la mochila, mandarle un anónimo), ni una agresión esporádica (una pelea, un atraco), sino algo mucho más serio porque se refiere a una relación patológica continuada entre el agresor y la víctima.

A este respecto, las investigaciones que se están realizando sobre el *bullying* aportan los siguientes datos:

a) La timidez es una característica definitoria del perfil de las víctimas. Las víctimas típicas son niños socialmente aislados, retraídos, ansiosos, inseguros, inhibidos y con una visión negativa de sí mismos y de su situación.

b) Muchas víctimas autoinforman de sentimientos de soledad en el colegio; no tienen amigos ni personas de confianza, careciendo de red de apoyo social.

c) Los agresores señalan la conducta tímida y ansiosa como uno de los «disparadores» del inicio de la intimidación.

d) Entre las acciones que hace el intimidador muchas tienen un matiz interpersonal como es el caso de las siguientes:

— Exclusión grupal y exclusión deliberada del grupo de compañeros.
— Aislamiento social, aislar, «no ajuntar», hacer el vacío, no dejar participar.
— Manipular las relaciones de amistad.
— Hablar mal, difamar, crear rumores.

Muchos de estos aspectos corresponden con el perfil conductual de la timidez; por eso es preciso estar muy atentos ya que los niños tímidos se convierten en blanco fácil para los intimidadores por su escasa seguridad personal y su carencia de redes de apoyo social; no son fuertes ni tienen amigos.

Lucas es el más bajo de la clase y tiene una apariencia física débil. Es un chico un poco tímido y cortado y cuando tiene que intervenir en clase lo pasa mal, tartamudea y se pone colorado.

Desde el año pasado, Juan, Marta y Víctor, tres compañeros del instituto que viven cerca de su casa empezaron a gastarle bromas pesadas: *¿desde cuando los enanos van al instituto?, ¿no irías mejor a la guardería?, ¿qué llevas en la mochila?, ¿los pañales?, ¿el biberón?*

Últimamente, esto se repite con bastante frecuencia de forma que muchos días a la salida del instituto le cogen la mochila, le sacan el material escolar y le estropean las cosas; le han llegado a romper trabajos y le han quitado los rotuladores y el material de Plástica. Además Marta le quita la visera, se la tira al suelo y dice: *«Perdona Lucas, se me ha caído».*

Su padre y su abuela le riñen porque dicen que está siendo muy descuidado con el material escolar. Lucas no sabe a quién contárselo porque no tiene amigos ni amigas de confianza. Además le da vergüenza que alguien sepa lo cobarde que es y lo está sufriendo en silencio.

Este caso está extraído del libro *Programa de sensibilización contra el maltrato entre iguales*, Monjas y Avilés (2003), Valladolid: REA y Junta de Castilla y León.

Maltrato infantil y abuso sexual

Las investigaciones realizadas en los últimos tiempos señalan una determinada relación o asociación entre timidez y maltrato infantil y abuso sexual aunque es importante matizar que, frecuentemente, no está claro el sentido de la relación ya que por ejemplo en el abuso sexual se encuentra que:

a) Las niñas y niños tímidos son más fácilmente blanco de abusos ya que su perfil conductual los convierte en víctimas fáciles, callados, con escasa red de relaciones sociales, poco asertivos, pobres habilidades de petición de ayuda y de comunicación de sentimientos.

b) Uno de los síntomas del niño maltratado y/o abusado sexualmente es el aislamiento social y la introversión, de forma que un retraimiento acusado puede ser consecuencia e indicador de abuso sexual.

Una consecuencia importante a extraer a este respecto por los padres y el profesorado es que si se produce un cambio significativo en la conducta del niño, por ejemplo se empieza a retraer y deja de comunicarse con iguales o con adultos, hay que investigar qué está pasando.

¿Bajo rendimiento escolar?

Aunque no se dispone de apoyo empírico, parece que existe la sospecha de que el rendimiento escolar de los niños tímidos es inferior al de sus compañeros y, a la larga, pueden llegar a presentar problemas académicos. No resulta difícil entender esto ya que un niño ansioso y temeroso puede tener dificultades para concentrarse y no está en buenas condiciones para aprender; el niño tímido se enfrenta a la tarea escolar con tal nivel de ansiedad, que puede que el aprendizaje sea nulo. Esto se agudiza más con la edad ya que los adolescentes y jóvenes tímidos presentan más pensamientos negativos e irracionales y más problemas emocionales que interfieren con la concentración y el rendimiento.

«En clase muchas veces estoy distraída dando vueltas a mis problemas para ver si soy capaz de salir de esta cárcel en la que estoy metida» (Ainoa, 14 años).

«Cuando temo que me pregunte la maestra en clase, empiezo a ponerme nervioso, me distraigo y me quedo en blanco. Si al final me pregunta algo de lo que está explicando, no sé nada, porque no me he enterado de qué iba la explicación» (Jesús, 11 años, 6.º de Educación Primaria).

«Lo que menos me ha gustado de esta asignatura ha sido cuando la profe hacía preguntas directamente a los estudiantes; yo temblaba pensando que me preguntaba a mí y que no iba a saber responder; me daba lo mismo lo que fuera porque con el estado de nervios que tenía, era incapaz de responder a cualquier cosa, aunque fuera cómo me llamo» (estudiante de 3.º de Magisterio).

La timidez ralentiza el proceso de socialización y puede afectar a su rendimiento escolar y a su evolución.

Sin embargo, también puede ocurrir que las dificultades emocionales e interpersonales del niño o joven tímido le hagan centrarse más en los estudios y vea en ello una forma de destacar y ser reforzado con lo que mejore su rendimiento escolar. En este caso se incrementarían sus calificaciones escolares como mecanismo de compensación a sus dificultades interpersonales.

Conductas desajustadas en la adolescencia

No vamos a entrar en detalles, pero sí dejar constancia de que la timidez puede aparecer relacionada con diversas conductas desajustadas principalmente en la edad adolescente de las que son muestra el abuso de sustancias (alcohol, otras drogas...) y conducta antisocial grupal.

Las chicas y chicos jóvenes con problemas de timidez pueden llegar a utilizar el alcohol o las drogas como elemento que les ayuda a desinhibirse y como ayuda para afrontar las situaciones interpersonales temidas.

«Me tengo que tomar unas copas para ponerme a tono y poderme enrollar y estar con los chicos; si no lo hago, me da mucho palo empezar a hablar con ellos, me corto y resulto sosa y aburrida» (Elena, 19 años, muy inteligente, muy buen expediente académico, físicamente muy atractiva y bastante tímida en sus relaciones interpersonales, fundamentalmente con chicos).

En algunas investigaciones el aislamiento y retraimiento social ha demostrado ser una buena forma de predecir alteraciones posteriores tales como fenómenos de pandillismo, conducta antisocial grupal e incluso delincuencia juvenil. Una razón explicativa puede ser que el joven que no es asertivo, tiene más dificultades para resistirse a las múltiples presiones del grupo de iguales y acaba participando en actividades antisociales y asociales casi sin haberse enterado. Otras veces resulta ser el chivo expiatorio de lo que hacen otros.

Estabilidad de las conductas de timidez

La creencia, bastante asumida por cierto, de que la conducta socialmente inhibida en la infancia es algo temporal que pasará y mejorará con el tiempo y la edad (*«Es muy vergonzosa, pero ya se le pasará cuando crezca»*), es una creencia infundada que ha de abandonarse porque no se sustenta con argumentos científicos. Más bien al contrario, la evidencia empírica acumulada en los últimos años afirma que la timidez es bastante estable a lo largo de la infancia y adolescencia y que existe cierta continuidad de la timidez desde la primera infancia hasta edades posteriores.

Parece pues que si el problema de timidez no se identifica y detecta precozmente, puede desarrollarse y estabilizarse de forma que el pronóstico es negativo y preocupante. Si no se hace nada para evitarlo, hay mucha probabilidad de que el niño tímido sea un adolescente tímido y llegará a ser un adulto con problemas emocionales.

En este aspecto tampoco tenemos estudios en nuestro país y hemos de fijarnos en las aportaciones de investigaciones hechas en otros países donde hay estudios longitudinales que siguen el desarrollo y la evolución de los niños con dificultades de relación con sus compañeros desde la educación infantil, con el objetivo de estudiar las consecuencias del retraimiento social durante la primera infancia en el desarrollo posterior. Una síntesis de las principales aportaciones es la siguiente:

1. Aproximadamente el 15% de los niños en escuela infantil fueron identificados como socialmente aislados.

2. El retraimiento social se mantiene relativamente estable durante los primeros años de escolarización. Dos tercios de los niños identificados como aislados en la escuela infantil, lo fueron también en 2.º de Primaria. Además, entre el 50 y el 70% de los niños considerados retraídos en 2.º continuaban siéndolo en 4.º y 5.º.
3. El retraimiento social en la infancia puede ser un síntoma de futuras dificultades.
4. El comportamiento inhibido (observado) y la inhibición temperamental (juzgada por los padres) se asocia con soledad pasiva (exploración solitaria y juego constructivo solitario).
5. A medida que aumenta la edad, los niños inhibidos gastan más tiempo en actividad pasiva solitaria, lo que sugiere que la inhibición temperamental hacia los extraños, con el tiempo, llega a asociarse con comportamiento poco sociable de tal suerte que se hace difícil diferenciar entre ambos aspectos.
6. Las dificultades de aproximación en la edad infantil se asocian con problemas internalizados en la adolescencia.
7. Existe una relación entre los niños con comportamiento inhibido (timidez temperamental) en la edad infantil y problemas internalizados en la adolescencia.

Futuras consecuencias de la timidez

La conducta de timidez no solo es indicativa de problemas actuales si no que, si no se interviene de forma preventiva o correctiva, puede conllevar futuros desórdenes y problemas psicopatológicos en la juventud y en la vida adulta, principalmente problemas socioemocionales de naturaleza interna como son los problemas emocionales, los problemas de personalidad, la ansiedad social, la depresión, y la fobia social. Existe pues un lazo entre retraimiento social en la infancia y dificultades internalizadas posteriores, con lo que la timidez es un factor de riesgo de problemas internalizados.

Las aportaciones de la psicopatología y concretamente los datos sobre los antecedentes de determinados trastornos psicológicos dan un papel preponderante a la timidez en la infancia.

Con respecto a la *fobia social,* se señalan una serie de aspectos que hacen más probable la aparición de la fobia social y entre ellos están la introversión y el aislamiento social en la infancia y adolescencia. Se describen dos tipos de comienzo de la fobia social: repentino, posterior a una experiencia traumática, o progresivo, que supone una evolución de la timidez durante la edad infantil. Los niños tímidos son sujetos de riesgo para la fobia social.

Algunos trabajos sobre el origen de la *depresión* contemplan la timidez como factor etiológico y de riesgo. Así por ejemplo se incluye la timidez entre las variables que conducen a la escasez de reforzamiento positivo que se considera causa de la depresión infantil, y se señala la timidez como factor personal de vulnerabilidad social y por tanto como factor de riesgo de la depresión.

> *«He sido muy tímida toda mi vida y lo he pasado muy mal; he sufrido mucho y sigo sufriendo por mis dificultades para estar con la gente, siempre con temores y con mucha inseguridad, siempre deprimida y triste... No he sabido disfrutar de la vida. ¡Qué envidia me daba ver a otras compañeras actuar con soltura! No quiero que mi hija pase lo mismo que yo pasé. Reconozco que no soy un buen modelo para ella. ¿Qué puedo hacer para ayudarla?»*
>
> (Madre de un niña de 9 años.)

Estos riesgos nos llevan a propugnar la necesidad, no solo de prevención, sino de detección precoz y de intervención temprana.

Tareas

1.ª. *Frases incompletas*

Completa las siguientes frases:

— La timidez .... el desarrollo.

— La timidez puede ser .... de otros problemas.

— Los niños ignorados por sus compañeros tienen .... aceptación y .... rechazo.

— Los niños y niñas tímidos pueden ser .... fáciles de maltrato entre iguales.

— La depresión puede ser una .... de la timidez.

Solución: Al final del libro.

2.ª. *Análisis de un texto*

Lea el siguiente texto tomado del libro *Hasta el verano que viene* de T. Haugen (pp. 25, 27 y 28). Coméntelo con su pareja y/o con otras personas.

— Busque razones que justifiquen los posibles problemas de rendimiento escolar de Britt.

— ¿Qué haría usted si su hija tuviera unos problemas similares a Britt?

¡QUÉ HORRIBLE ERA IR AL COLEGIO! Britt se pasaba las clases en ascuas. Lo peor de todo era cuando le preguntaban la lección; y cuando la sacaban a la pizarra, se sentía morir.

Poco a poco los profesores se habían ido dando por vencidos. Ya no solían preguntarle. Sólo en raras ocasiones, cuando estaban convencidos de que sabría la respuesta. Ni aun así conseguían siempre que ella contestara.

Britt sabía tan poco... Eso creían los profesores. A todos les había pasado lo mismo: se habían ido olvidando poco a poco de ella para concentrarse más en el resto de la clase.

Algunos decían que era una perezosa; otros, que era sólo un caso de rebeldía y de falta de voluntad. Algo tenía que ocurrirle, ya que jamás se sabía la lección. Se pasaba todo el tiempo allí sentada sin decir una palabra.

Ni siquiera cuando tenía que leer en voz alta lo hacía bien. Empezaba balbuceando y tartamudeando, hasta que de pronto se quedaba paralizada y ya no podía seguir.

El profesor de lengua suspiraba, Britt lo oía perfectamente, y después mandaba a alguien que siguiera leyendo desde el punto en que Britt se había atascado.

Pero Britt sabía mucho más de lo que los profesores creían. Estudiaba en casa, aunque más por miedo que por gusto. Y en clase sabía muchas de las cosas que los profesores preguntaban, hasta que le tocaba el turno a ella. Entonces se quedaba totalmente en blanco, y de su boca no salía ni una sola respuesta.

* * *

Historia. El profesor iba y venía. Hablaba de algo que Britt no escuchaba. Sólo pensaba en Gro.

El profesor se detuvo y formuló una pregunta. Britt despertó de pronto. Intentó esquivar aquella mirada y se acurrucó en el pupitre.

Era una pesadilla cada vez que él se detenía. Sentía cómo la frente se le llenaba de sudor y se le agarrotaban las manos. El corazón le latía hasta hacerle daño, y un zumbido le taladraba la cabeza. Siempre le pasaba lo mismo.

La cabeza se le hacía un lío. Todo lo que sabía quedaba escondido tras aquel caos. No conseguía aclararse ni poner sus ideas en orden.

No recordaba cuántas veces se había leído la lección, pero seguro que muchas. Aun así, el profesor la asustaba cada vez que se ponía a preguntar. Era él quien provocaba el desorden en su cabeza. Y la clase. El gallinero que se formaba cada vez que no sabía algo; o, peor aún, el que se formaba cuando se equivocaba. La clase era un enorme, gordo y espeluznante gusano con veintiuna cabezas y cincuenta aguijones venenosos. Muy peligroso. Y siempre andaba tras ella. Jamás podía librarse de él.

—¿Podrían las señoritas Lien y Sunnas estarse calladas durante cinco minutos? —dijo el profesor de repente a Gro y Eva.

Ellas suspiraron y sus cabezas se separaron inmediatamente.

Britt no entendía cómo podían quedarse tan tranquilas cuando el profesor les hablaba.

—Quizá tú, Eva, ¿podrías decirme de quién se trata?

Britt sintió mareos. Ni siquiera sabía cuál era la pregunta.

Eva se quedó sentada mirando al vacío. Con la cabeza erguida. A Britt le dolían los hombros de tanto encogerse.

Eva miró fijamente al profesor.

—No tengo ni idea —contestó.

¡Se atrevía! Siempre hacía lo mismo. Eva no era buena en el colegio, pero eso no le importaba lo más mínimo. Britt deseaba ser como ella. Deseaba poder decir «no lo sé» y quedarse sentada mirando fijamente al profesor, sin parpadear.

Se estremeció. Otra vez se había quedado inmersa en sus pensamientos. De pronto descubrió que estaba con la vista clavada en el profesor. Sus ojos se encontraron. Britt no se atrevía a mirar hacia otro lado. Estaba como hipnotizada.

—Quizá tú, Britt, ¿me podrías decir de qué rey hablamos? —preguntó él un poco inseguro. Pensó que ella sabría la respuesta ya que le miraba de aquella manera.

Britt no sabía ni de qué iba la pregunta. Algo de un rey. ¿Había algún rey en la lección de hoy? ¿Lo había?

Notó que el gusano se movía. Que levantaba las cabezas acechando a su víctima. Eva se volvió ligeramente hacia ella y sonrió burlona. Se acercó a Gro y susurró algo.

Le escocían los ojos. Sentía calor en las mejillas. «Tengo que contestar», pensó, «pero ¿el qué?». Siempre tengo que quedar como una idiota.

Gro se volvió también. Britt la ignoró. Seguía mirando fijamente al profesor. Sintió cómo la furia crecía en su interior. El profesor pareció asombrarse ante su mirada. Algo de un rey. Y sin saber cómo ni por qué, oyó su propia voz diciendo:

—Hakon el Bueno.

—Correcto, Britt —asintió el profesor, extrañado.

El gusano recobró la calma. Britt respiraba con dificultad. Se había quedado agotada tras conseguir articular aquellas palabras. No entendía nada. Por lo visto era ella quien había contestado, y correctamente además. ¡Quién podía entenderlo!

¿Qué se puede hacer?, ¿cómo puede ayudar a su hijo tímido?

Consideraciones iniciales.
    Cada niño tímido es único.
    ¿Necesita ayuda profesional especializada?
¿Qué hacer?, ¿por dónde empezar?
    Reflexión inicial en la pareja o familia: ¿de dónde se parte?
    Toma de decisión: ¿qué está dispuesto a hacer?
    Qué quiere conseguir: objetivos y habilidades.
¿Cómo hacerlo?
    Recomendaciones generales.
    Actividades lúdicas y pasatiempos.
    Trabajo directo.

— ¿Cómo puedo ayudar a mi hijo?
— ¿Qué se puede hacer para superar y vencer la timidez?
— ¿Qué se puede hacer para prevenir la timidez?
— ¿Qué tengo que hacer?, ¿qué tengo que evitar?
— Yo no soy profesional ni entiendo nada de Psicología, ¿puedo ayudar de verdad a mi hijo para que deje de pasarlo mal?

Consideraciones iniciales

La exposición hecha en los capítulos previos revela claramente que la timidez extrema en la infancia y adolescencia es indicativa de problemas y dificultades en el sujeto y, si no se interviene de forma preventiva, puede conllevar futuros problemas psicológicos, motivos por los que se enfatiza la necesidad de prestar atención a la actuación y a la prevención de los problemas de timidez en estas edades.

En este capítulo, se presentan unas líneas generales y básicas para el abordaje de problemas de timidez dentro de una filosofía general de desarrollo de la sociabilidad y la competencia social y emocional. Estos contenidos han de entenderse como orientaciones, sugerencias, pistas, claves, apuntes, consejos y/o recomendaciones para poder utilizarse en un amplio espectro de conductas de timidez y retraimiento social en infancia y adolescencia, pero que cada padre, madre o profesional ha de contextualizar y ajustar, seleccionando los aspectos que le parecen más apropiados y oportunos para su caso concreto.

Cada niño tímido es único

Aunque vamos a dar unas orientaciones generales, es necesario resaltar que cada niño o joven tímido es único, por eso, lo que se haga, debe ajustarse a su edad, características, grado de timidez, historia de su conducta de timidez, motivación para cambiar... y también a las peculiaridades de la madre o el padre y del núcleo familiar, escolar y social. Será preciso tener en cuenta cuáles son los principales síntomas en el niño concreto (escasa interacción, «se come el coco», no tiene nada de seguridad en sí mismo...), cuál ha sido su evolución... para plantear la estrategia más adecuada. También hay que considerar que estas orientaciones se dirigen a un amplio rango de edad, desde niños pequeños hasta adolescentes y jóvenes, por lo que es preciso tener en cuenta las peculiaridades evolutivas concretas de cada edad. Por supuesto que con los niños tímidos más pequeños hay que ser más directivo y con los adolescentes habrá que respetar sus cambios de humor, sus deseos de intimidad, su aspereza afectiva en unos momentos, ¡que no está reñida con sus ganas de mimos y cercanía afectiva en otros!

¿Necesita ayuda profesional especializada?

Es preciso recordar que nuestro interés en este libro se centra en problemas de timidez no extrema que pueden abordarse desde contextos normalizados, no clínicos. Cuando el problema es grave y/o está causando dificultades importantes al niño o a la familia, se debe pedir ayuda terapéutica especializada y desde aquí recomendamos su derivación a servicios psicológicos. Usted puede ponderar la gravedad del problema de su hijo. Repase en el capítulo 1 el apartado «Es normal cuando... Es problema cuando... Es alarmante cuando...» y decida si necesita más ayuda. No se quede intranquilo y consulte sus dudas y sus inquietudes. ¡Mas vale prevenir que curar! Cuando tenga que pedir ayuda terapéutica profesional para su hijo contemple distintas alternativas:

a) Inicialmente, y tratándose de niños en edad escolar, lo primero es acudir a los servicios escolares. Diríjase al centro educativo en que está su hijo, informe de la situación y pida ayuda, orientación y consejo. El tutor o la tutora del niño, el orientador o la psicopedagoga del centro y los profesionales de equipos psicopedagógicos pueden aportar información directa del comportamiento de su hijo en el contexto escolar; además pueden orientarle y asesorarle en la intervención y derivarle hacia otros servicios clínicos cuando el caso lo requiera.

b) A través del pediatra o del médico de cabecera que le derivará hacia psicología o psiquiatría infantil.

c) En el colegio oficial de psicólogos de la zona donde reside pueden aconsejarle respecto a especialistas en el tema.

Si su hijo va a recibir o ya está recibiendo un tratamiento para su timidez y sus dificultades de relación, es fundamental que durante todo el proceso colabore activamente junto a los profesionales que estén llevando el caso, ya que es la mejor manera de ayudarle. Aunque es obvio que las orientaciones contenidas en este libro pueden complementar y amplificar la intervención profesional, de todas maneras, coméntelo con el especialista que siempre le orientará respecto a lo más conveniente en su caso concreto.

¿Qué hacer?, ¿por dónde empezar?

Usted quiere ayudar a su hijo tímido a que supere sus dificultades en las relaciones interpersonales y, seguro que a lo largo de la lectura de los capítulos anteriores y al realizar las distintas actividades y tareas que hemos propuesto, se le han ido ocurriendo cosas que puede ir haciendo para atajar la timidez y el retraimiento de su hijo, cosas que cree debe aprender su hijo, cosas que tiene usted o su familia que cambiar..., pero ¿por dónde empezar?

Seguidamente le vamos a ofrecer unas pautas que le pueden orientar a lo largo del camino que quiere emprender.

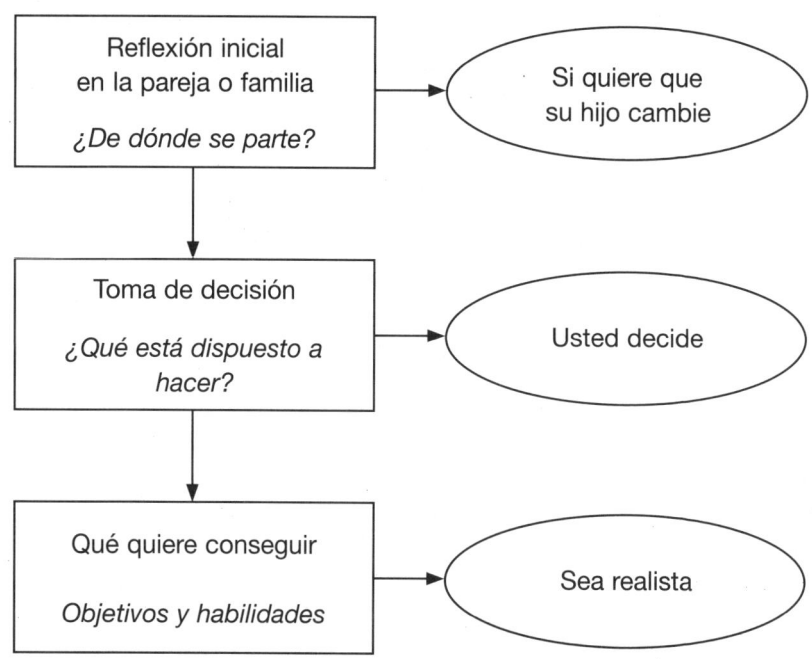

Reflexión inicial en la pareja o familia: ¿de dónde se parte?

Como ya sabe, por lo que ha leído en el capítulo 3, la conducta de su hijo no es algo totalmente individual, sino que tiene mucho que ver con lo que hacen las personas que están a su alrededor. Por ello, en el momento de iniciar alguna actuación, hay que abordar la situación de forma conjunta en la familia, tratando de poner las cosas en común y de ser coherentes con las actuaciones que se van a emprender. Le aconsejamos que:

1. Reflexione sobre su vida familiar y la conducta de relación interpersonal de la madre, del padre y de las otras figuras relevantes (hermanas y hermanos, abuelos...):
   ¿Qué vida social llevamos?.
   ¿Qué relaciones tenemos con otras personas?
   ¿Qué importancia damos a la conducta interpersonal?
   ¿Estoy siendo un modelo del comportamiento tímido para mi hijo?
2. Revise y analice el estilo y dinámica familiar:
   ¿Qué clima familiar hay en nuestra casa?
   ¿Qué tipo de disciplina utilizamos?
   ¿Cómo es la comunicación en casa?, ¿hablamos y dialogamos o simplemente interrogamos a nuestros hijos?
3. Reflexione sobre su actuación ante la conducta de timidez de su hijo:
   ¿Qué hacemos para que nuestro hijo sea tímido? ¿Qué hemos hecho hasta este momento?
   ¿Qué hacemos para que nuestro hijo deje de ser tímido? ¿Qué hemos hecho hasta este momento?
   ¿Estimulamos a nuestro hijo para que se relacione con otros niños?
   ¿Damos importancia a la conducta tímida de nuestro hijo?, ¿nos interesamos por sus problemas y dificultades de relación interpersonal?

De estas reflexiones se extraerán conclusiones y respuestas referidas a cambios en su propia conducta, en la de otros miembros de la familia y en la dinámica y clima familiar.

Si quiere que su hijo cambie, tiene que cambiar usted y los otros miembros de la familia.

Toma de decisión: ¿qué está dispuesto a hacer?

Preocúpese y ocúpese de la timidez de su hijo. No sirve sólo con estar preocupado, sino que hay que ponerse manos a la obra.

a) *Implicación*

Es preciso la implicación de todas las personas que conviven en el hogar y/o tienen relaciones significativas con el niño tímido. Padres, abuelos, otros hermanos, empleada doméstica, *canguro*... tienen que estar dispuestos a participar directa y activamente en las actuaciones que se lleven a cabo con el niño tímido.

Por supuesto que su hijo tímido tiene que saber que toda su familia se va a implicar en ayudarle; déjele claro su apoyo y el de la familia en todo lo que necesita.

b) *Dedicación*

Reserve tiempo; los cambios que quiere hacer necesitan una dedicación de tiempo, de atención, de energía, de preocupación y de esfuerzo.

¿Problemas con las jornadas laborales de los padres? Le sugiero que reflexionen respecto a lo siguiente: si un hijo suyo tiene que sufrir una intervención quirúrgica o una hospitalización, ¿qué se hace? Generalmente toda la familia se moviliza; se establecen turnos para acompañarle en el hospital, la abuela viene a casa a echar una mano..., ¿y por qué no se hace algo similar cuando la niña tiene otros problemas, por ejemplo notables problemas de timidez?

Sería muy conveniente que usted se planifique para dedicar a su hijo un tiempo «especial» al día y a la semana; en función de su edad y características puede ser tiempo para: *a*) jugar, pasear, contar historias..., *b*) ayuda en las tareas escolares, *c*) charlar, dialogar, discutir..., *d*) juegos de mesa, hobbys, coleccionismo, manualidades, música, deportes, idiomas, ordenador..., *e*) tiempo para actividades placenteras en común toda la familia (un paseo, tomar un chocolate, hacer una salida o excursión...). En el apartado de actividades lúdicas y pasatiempos de este mismo capítulo, puede encontrar ideas de cosas a hacer con su hijo.

c) *Ánimo y expectativas positivas*

Le aconsejamos que empiece con actitud positiva, ánimo, ilusión y entusiasmo, pensando que las cosas van a ir bien. No hay que crearse falsas expectativas, pero es conveniente tenerlas positivas. Piense que mostrar y manifestar explícitamente expectativas positivas sobre la posibilidad de evolución favorable de la conducta del niño contribuirá eficazmente al éxito de los intentos de cambio. Además es muy adecuado crear en el propio niño expectativas positivas sobre lo que se va a hacer ya que de este modo está garantizado su adecuado nivel motivacional e implicación.

d)   *Perseverancia y paciencia*

— Ármese de paciencia y tranquilidad ya que los cambios no se producen drásticamente; solamente hay cambios espectaculares en los libros o en las películas.

— Hay que ir poco a poco, paso a paso y empezar por conductas sencillas y fáciles y progresivamente ir proponiendo conductas más complejas.

> Usted y los otros miembros de la familia tienen que decidir su grado de implicación y dedicación y su actitud en este tema.

■ Qué quiere conseguir: objetivos y habilidades

¿Qué se pretende?, ¿cuál es la meta?

La meta final es que el niño o adolescente tímido se encuentre bien consigo mismo, disfrute de las relaciones interpersonales y llegue a mantener interacciones gratificantes y satisfactorias con los otros compañeros y con los adultos. Para conseguir esta gran meta, es preciso plantearse una serie de objetivos más específicos como pueden ser los siguientes:

— Que se relacione más y mejor con otras niñas y niños.
— Que esté menos tiempo solo.
— Que esté más cómodo; que no esté tan nervioso y tenso en compañía de otras personas.
— Que no esté tan pendiente de los demás y de cómo le van a evaluar.
— Que se valore más y tenga más confianza en sí mismo.
— Que piense en positivo, con entusiasmo e ilusión.

Pero para la aplicación concreta es necesario poner objetivos mucho más sencillos y simples y establecer qué conductas y habilidades concretas se van a trabajar, todo ello de acuerdo a las peculiaridades del caso.

Hay que tener en cuenta que se pretende hacer competentes a infantes y adolescentes con problemas de timidez lo que implica enseñar comportamientos concretos que el niño no posee (iniciar conversaciones, presentarse ante gente nueva o hacer peticiones a adultos), aumentar y fortalecer los adecuados, pero que no ejecuta muchas veces (participar en conversaciones, exponer y defender sus opiniones, pedir un favor) y por otra parte disminuir los aspectos que estén interfiriendo la correcta conducta interpersonal (pensamientos incorrectos, diálogo interno negativo o ansiedad social).

Los siguientes son ejemplos de distintas habilidades a trabajar en función de la edad y las características concretas.

María, 3 años

— Llora fácilmente por cualquier cosa.
— Solo se dirige a la maestra cuando necesita algo, de forma perentoria.
— No habla con las y los compañeros de mesa.
— No se defiende cuando algún niño la insulta, la agrede o le quita algo.
— No negocia ni lucha con los demás para coger los juegos que le gustan, sino que espera a coger los que no quiere nadie.
— En opinión de la maestra: «*No me habla casi nunca y no responde a mis preguntas o si lo hace es en un tono de voz muy bajo. Es muy obediente; cuando doy indicaciones para iniciar cualquier actividad, ella es la primera en acatarlas. Está siempre muy pendiente de lo que yo digo*».

Habilidades a trabajar:

- Hacer peticiones durante el juego.
- Hacer preguntas a los compañeros y compañeras.

- Saludar a los compañeros de mesa cada mañana y cada tarde.
- Comunicar deseos ante preguntas formuladas por la maestra: *¿Qué quieres hacer ahora?, ¿qué juego prefieres?, ¿con qué niño o niña te quieres sentar?*

JORDI, 16 AÑOS

— Sus amigos se quejan de que es muy callado y aburrido.
— No dice a qué sitios quiere ir o qué actividad prefiere hacer.
— No toma nunca la iniciativa.
— Sale poco de casa y pone excusas cuando le van a buscar.
— Se come mucho el coco y es muy indeciso.
— Verbaliza cosas negativas «se me da mal», «soy así de negado».
— No se atreve a decir nada a las chicas; cuando se le acerca una, tartamudea, se pone muy nervioso y lo pasa fatal; los compañeros provocan estas situaciones para reírse de él.

Habilidades a trabajar:

- Participo en las conversaciones de mis amigos, ¡aunque me cueste!
- Expreso mis deseos, sentimientos y gustos cuando estoy con mis amigos.
- Afronto las bromas de mis colegas y les respondo.
- Hago preguntas a las compañeras de clase.
- Me digo cosas positivas a mí mismo antes de situaciones difíciles.
- Yo valgo mucho: observo mis cosas positivas.

Centrándonos en su caso en concreto tiene que plantearse qué objetivos y habilidades quiere lograr; para ello:

1. Rescate la lista de conductas que ha observado en su hijo; son las tareas que se plantearon para su realización en el capítulo 2.
2. Formule los objetivos que quiera conseguir. Sea lo más concreto y específico posible.
3. Ordénelos de más fácil a más difícil. Empiece por lo más fácil, objetivos sencillos y asequibles y, poco a poco, a medida que se van consiguiendo metas, vaya pasando a los más complicados. Si es posible, este proceso de formulación y elección de objetivos hágalo junto a su hijo.

Sea realista y recuerde de dónde parte y lo que está dispuesto a hacer y plantee objetivos acordes.

¿Cómo hacerlo?

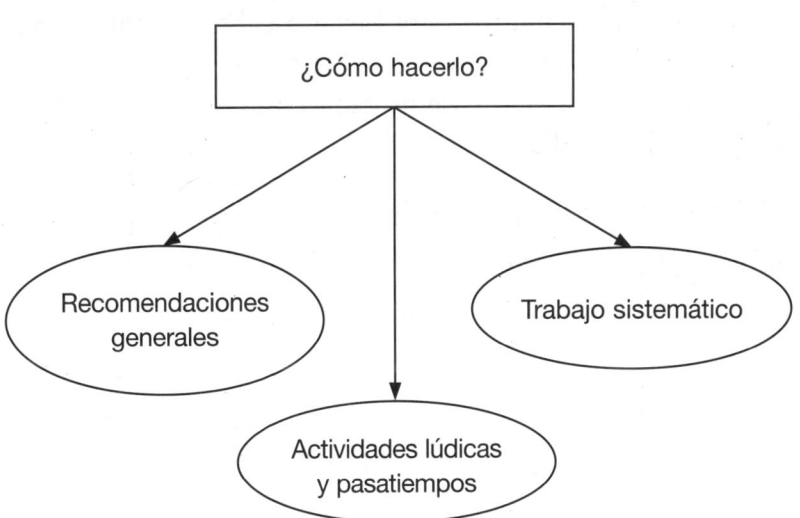

En esta sección ofrecemos una serie de estrategias, orientaciones y recursos para ayudar a padres y profesionales a abordar la situación de los niños tímidos, tratando de prevenir problemas posteriores. Los contenidos están diferenciados en tres apartados:

— *Recomendaciones generales.* En este apartado se presentan unas pistas y orientaciones para el contexto familiar y otras recomendaciones muy generales que deben tenerse en cuenta por todas las personas que tienen contacto directo con el niño tímido a fin de garantizar la consistencia necesaria para que se produzcan cambios con éxito.

— *Actividades lúdicas y pasatiempos.* Se consideran en este apartado un conjunto de actividades que pueden realizarse con niños y adolescentes con problemas de timidez y que revisten las siguientes peculiaridades: son divertidas, entretenidas y suelen resultar atractivas y, en muchos casos, son bastante efectivas para el logro de los cambios que queremos lograr.

— *Trabajo directo.* En este apartado se incluyen los aspectos necesarios para llevar a cabo un trabajo más directo, intencional y sistemático, lo que exige un mayor esfuerzo y dedicación más continua por parte de la familia.

Cada padre, en función de lo decidido en el apartado anterior, ha de elegir qué puede y qué quiere hacer de las posibilidades que se presentan.

Recomendaciones generales

Las siguientes son sugerencias muy generales que están encaminadas a mejorar la vida familiar, lo cual seguramente redundará, no sólo en la prevención y/o mejora de problemas de timidez, sino también de otras dificultades de índole emocional y social en sus hijos. Posteriormente se presentan pautas respecto a qué cosas hacer y cuales evitar cuando se trata con un niño o joven tímido. Algunas de estas recomendaciones son de sentido común, pero es preciso hacerlas de modo intencional. Profesorado y familia deben esforzarse por hacer, o dejar de hacer, cosas como las que se especifican a continuación.

Mejore la comunicación con su hijo

1. Optimice el clima y la comunicación en la familia.

    — Promueva una buena comunicación en la familia, especialmente con su hijo con problemas de timidez: aprenda a escuchar y utilice la escucha activa (*¡soy toda oídos!*), aprenda a emitir, estimule su comunicación no verbal y su expresividad.
    — Cree una relación positiva con su hijo; refuerce sus vínculos afectivos para que el niño se sienta querido, aceptado con sus peculiaridades, protegido, escuchado, comprendido, apoyado, motivado y estimulado.
    — Construya un estilo familiar inductivo o democrático donde estén presentes de forma simultánea afecto, comunicación, límites y exigencias.

— Procure que su hijo se sienta un elemento importante de la familia: que vea que se tienen en cuenta sus deseos y opiniones, que participa en los acontecimientos familiares y contribuye a la toma de decisiones. Fomente su autonomía personal, su responsabilidad y su participación activa, de acuerdo a su edad, en la familia y en la sociedad.

— Consiga en su familia un clima positivo, motivante, optimista y cordial, donde tengan cabida los momentos lúdicos y festivos y no sólo los serios. Hacer las cosas con ganas, con optimismo y con buen humor redundará en el bienestar de todos.

— Modifique las circunstancias situacionales para favorecer y provocar las condiciones de interacción en casa; por ejemplo, cambiar rutinas cotidianas y, durante un rato al día, introducir juegos de mesa en vez de ver la televisión.

2. Preocúpese y hable explícitamente con su hijo de su problema de timidez y de sus dificultades interpersonales.

— Debe interesarse por todo lo referente al desarrollo personal e interpersonal de su hijo, por su satisfacción y por sus sentimientos y ¡no solo por los estudios!: *¿Qué has hecho en el recreo?, ¿qué tal con tus amigas?, ¿cómo te has portado con la profesora de inglés?, ¿con quién has venido para casa?* Las familias a menudo no prestan la debida atención a las relaciones interpersonales de sus hijos con otros amigos y compañeros; se interesan más por sus resultados académicos. Sin embargo, para su bienestar y para que su crecimiento y desarrollo psicológico sea adecuado, es muy importante

cómo se relacionan con sus iguales, y lo queridos, aceptados, valorados y respetados que son por ellos.
— Muestre interés por sus dificultades y dialogue mucho con él. Comente sobre el tema, charle sobre qué puede hacer, dele pistas y orientaciones. Hable con él todos los días de sus intereses y preocupaciones, pero no se obsesione con el problema; pueden hablar de muchas otras cosas. También ha de estar pendiente para no asfixiar; hay que estar en un complicado punto entre la cercanía y la distancia.
— Apóyele incondicionalmente; déjele claro que le quiere y demuéstrele explícitamente su afecto; muéstrele una actitud positiva y cercana.
— Póngase en su lugar. Comprenda a su hijo; métase en sus zapatos y trate de comprender lo mal que el niño se siente.
— Aprenda a reconocer signos de que su hijo está triste, preocupado, irritable, ensimismado, no se encuentra a gusto. Sea sensible a los sentimientos del niño. Si un niño dice «mamá estoy muy triste», puede que la madre le haga unos mimos y le diga que enseguida se le va a pasar. Si ese mismo niño dice «mamá me duele bastante la tripa», enseguida se le lleva al pediatra.

3. Mejore y potencie la comunicación y colaboración con el centro educativo donde estudia su hijo. Para contribuir a la educación y al desarrollo óptimo de su hijo es preciso tener más contacto y establecer más vías de comunicación con el profesor tutor y con el profesorado en general.

— Participe más directamente en el proceso escolar de su hijo; acuda a las reuniones, pida entrevistas frecuentes con el tutor.

— Trabaje en coordinación con el psicopedagogo del centro o el profesorado de apoyo.

— Permanezca en contacto con el centro y participe activamente si se diseña alguna intervención para su hijo.

Procure...

1. Cuidar las circunstancias y situaciones para que su hijo participe en experiencias interpersonales satisfactorias.

   — Facilitar la relación social con otros niños y niñas y provocar situaciones de interacción.

   — Buscar la compañía de niños con los que se encuentre bien e involucrarle en pequeños grupos de niños conocidos.

   — Proporcionarle oportunidades de jugar en parejas con niños más pequeños; en ocasiones, jugar con un niño más pequeño le hace sentirse más seguro.

   — Aliarse con un niño (primo, compañero, vecino...) que pueda ayudarle en cosas sencillas.

   — Hacer una exposición escalonada a situaciones interpersonales nuevas o amenazantes. Se trata de hacer un moldeamiento con aproximaciones sucesivas a la conducta deseada; por ejemplo hacer preguntas. Se trabaja primero en la propia casa con un amigo, después en el parque con ese amigo y usted sentado en un banco muy cerca, posteriormente en la casa de ese amigo con us-

ted tomando un café con sus padres y finalmente en la casa de ese amigo solo durante un rato.
— Asistir a eventos familiares y sociales con su hijo, ¡no deben aislarse!, pero cuidarlos y controlar un poco las situaciones; por ejemplo garantizar que en los actos familiares (bodas, cumpleaños...) estará al lado de un compañero seguro que le apoye.
— Propiciar, a medida que vaya logrando estar más tranquilo y seguro, interacciones que le vayan resultando socialmente satisfactorias y agradables como pueden ser asistir a fiestas de cumpleaños, ir al parque con otros niños, invitar a primos o compañeros un día de fiesta, permitirle salidas de fin de semana con gente conocida.

2. Proporcionarle modelos asertivos y competentes (hermana, compañeros, amigo) y a la vez minimizar la exposición a modelos retraídos e inhibidos ya que los niños copian e imitan lo que ven y lo que oyen más que lo que se les dice que hagan.

— Predicar con el ejemplo; los padres y profesorado han de ser modelos adecuados de asertividad.
— No ocultar sus sentimientos, bien al contrario ser modelo de expresión de emociones.
— Ser entusiasta, positivo y alegre.
— No ocultar sus propios errores, sino afrontarlos con un matiz positivo.

3. Reforzarle, atenderle, valorarle, reconocerle y recompensarle las conductas adecuadas ya que el refuerzo (atención, elogio, sonrisa, reconocimiento, muestra de afecto, recompensa material...) de una conducta,

hace que ésta tienda a repetirse. En el apartado «Trabajo directo» de este capítulo puede encontrar más información respecto a las recompensas.

— Reforzarle cualquier intento de afrontamiento de situaciones interpersonales. En los momentos iniciales del tratamiento seguramente hay que hacer esfuerzos para «pillar» al niño interactuando positivamente y recompensarle inmediatamente; progresivamente será necesario ir ampliando las exigencias.

— Ignorar y retirar la atención de las conductas de timidez.

— *Alimentar* su autoestima: hay que alabarle específicamente por las cosas que va haciendo.

— Recompensar todos los acercamientos que tenga a otros niños, ¡aunque inicialmente sea juego en paralelo!

— Reconocer explícitamente sus esfuerzos y logros.

— Elogiar, pero evitar la adulación excesiva; hay que ser específico y concreto en el elogio, ¡sin pasarse!

— Valorarle las pequeñas conductas de afirmación personal.

— Apoyarle cualquier pequeño cambio de actitud frente a su timidez.

— Hacerle sentir orgulloso de sus éxitos y logros personales y procurar que vaya utilizando el autorreforzamiento *(¡lo he logrado!, soy genial)*.

4. Ayudarle, orientarle, apoyarle y estar cerca.

— Apoyarle en los fracasos, enseñarle a que aprenda de ellos y darle ánimos y pistas para mejorar en sucesivas ocasiones porque es necesario que

desarrolle la capacidad de persistir y esforzarse frente a las dificultades y frustraciones.
— Ayudarle cuando tenga dificultades y problemas.
— Orientarle para que él mismo se proponga objetivos realizables y vaya consiguiendo pequeñas metas para que adquiera autoconfianza.
— Prepararle previamente para contactos interpersonales difíciles.
— Ayudarle a buscar modos de afrontar las situaciones temidas (¡sin evitarlas!); por ejemplo, ir a la fiesta y estar solo un ratito, estar cerca de la abuela, ir con una amiga.
— Mostrarle cercanía afectiva.

5. Estimularle, motivarle y animarle.

— Mostrarle expectativas positivas y darle confianza. «*Seguro que te saldrá bien; aquí en casa te ha salido estupendo, así que con el cuidado que has puesto lo harás genial con tus compañeras*».
— Potenciarle, fomentarle, estimularle y provocarle las experiencias de éxito; si lo que hace le sale bien, tendrá más confianza en sí mismo, se valorará más y procurará repetirlo.
— Comprenderle sus esfuerzos y animarle para que continúe intentándolo.

Evite...

1. Evite situaciones interpersonales amenazantes y difíciles que no pueda controlar y se le vayan de las manos.

— Evite situaciones en las que aumente la ansiedad del niño o niña; por ejemplo, estar esperando todos a que él conteste.

— Evite grandes grupos.
— Evite las situaciones que le resultan muy complicadas y empiece por aquellas que le son más asequibles y manejables.
— Evite que sea el centro de atención (¡aunque sea de dos personas!).

2. Evite reforzar y atender las conductas de timidez.

— Evite prestarle atención (mirarle, escucharle) o recompensarle (acariciarle) cuando se muestra tímido.
— Evite actuar por él, justificando lo que hace o no hace de acuerdo a su timidez. Si le preguntan su nombre y no dice nada, no conteste usted por él.

3. Evite comentarios y etiquetas.

— En presencia del niño, evite comentarios sobre su timidez, aunque sean estrictamente descriptivos. «*Es que es muy retraído, no te va a contestar*».
— Cuidado con las expresiones que utiliza ya que pueden humillarle o incomodarle: «*Si es que eres más soso que...*». «*¡Pero qué tímida eres, hija!*». «*Contesta a estos señores; ¿es que te ha comido la lengua el gato?*». «*¡Déjale! Se piensa que le van a comer*». «*Di algo; mírales que no te van a comer*».

4. Evite tanto la sobreprotección como las exigencias excesivas.

— Evite la presencia sobreprotectora de hermanos, amigos, familiares y compañeros, que le blo-

quean y anulan y dele oportunidades de actuar por él mismo.
— Evite consentirle en exceso y no exigirle justificando que es muy retraído.
— Evite enfrentarle a retos excesivamente difíciles (es excesivo pedir a su hijo adolescente que vaya a la estación a recibir a unos amigos de los padres, que encima vienen con una hija de su edad).
— Evite forzarle, presionarle o exigirle demasiado o algo que esté fuera de sus posibilidades.

5. Evite las comparaciones.

— Evite evaluarle negativamente en comparación con los otros niños o niñas; el punto de comparación debe ser el propio niño, y no los demás. Por lo tanto, cualquier logro o avance, por pequeño que sea, debe tenerse en consideración, independientemente de que todavía esté lejos de alcanzar la media del grupo o lo que hacen sus hermanos, amigos o vecinos.

6. Evite los reproches, sermones, el sarcasmo y la ironía.

— Evite hacer reproches, críticas o comentarios que le hagan sentir culpable: *«Lo que me haces sufrir; tú, como siempre, sigue calladito». «Éste no es hijo nuestro porque ni su padre ni yo somos así; habrá venido del planeta Marte».*
— Evite lamentarse en relación a su conducta de timidez: *«Qué castigo me ha dado Dios con una niña tan cortada».*
— Evite sermones y razonamientos excesivos tratando de convencerle y que entre en razón de que tiene que relacionarse más.

7. Evite castigos, gritos, amenazas y todo lo que suponga directa o indirectamente humillación o rechazo.

— Evite que los demás compañeros o las hermanas y primos le insulten, le intimiden o se burlen de él por su conducta de timidez; más bien haga todo lo posible para estimular que los iguales se involucren en ayudarle.
— Evite poner coletillas a los elogios: «*Muy bien hecho, así tendrías que hacerlo siempre y no otras veces que te quedas parado*».
— Evite humillarle, descalificarle, ridiculizarle o menospreciarle por su conducta retraída.
— Evite amenazarle o castigarle ante alguna conducta de timidez.
— Evite poner en evidencia sus faltas y errores.
— Evite exponerle repetidamente a situaciones de fracaso.
— Evite mostrar una actitud fría y distante.

Actividades lúdicas y pasatiempos

Se incluyen en este apartado un conjunto de actividades que pueden realizarse con niños y adolescentes con problemas de timidez y que revisten las siguientes peculiaridades: son divertidas, entretenidas y suelen resultar atractivas y, en muchos casos, son bastante efectivas para el logro de los objetivos propuestos.

Señalamos que es muy importante la presentación que se haga de ellas; cuidando que sea en colores, con dibujos, utilizando ordenador o medios audiovisuales, aspectos que pueden favorecer la motivación de los niños.

Resulta de utilidad que su hijo disponga de un cuaderno o carpeta donde archive los documentos y productos que vaya haciendo, fruto de las actividades realizadas.

Literatura infantil y juvenil

¿Por qué incorporamos la literatura infanto-juvenil para trabajar con niños y adolescentes tímidos? La lectura es uno de los medios más poderosos para adquirir informaciones muy diversas, para conocer y aprender; los libros aproximan al lector tanto a lejanos mundos de fantasía, misterio, humor y aventuras, como a temas, intereses y cuestiones más cercanas del mundo actual.

Considerando a los niños y jóvenes, la literatura reviste unas peculiaridades que nos interesa resaltar:

a) Facilita la identificación del lector o lectora con alguno de los personajes, con aquel más parecido a sí mismo.
b) Posibilita el meterse en la piel de otras personas, muy diferentes al lector, lo que supone poder conocer otros puntos de vista y llegar a comprender los pensamientos y sentimientos ajenos.
c) Permite la formación y/o modificación de creencias, actitudes y opiniones.
d) Estimula la reflexión y el análisis crítico respecto a la historia y su desarrollo.
e) La lectura puede llegar a ser un auténtico placer; los libros de lectura son elementos importantes y atractivos para los niños y adolescentes que los usan de forma voluntaria y placentera como material de ocio.

En este momento existe una literatura específica para niños y jóvenes que aborda problemas actuales; son libros que reflejan sus inquietudes, que dan respuesta a sus preguntas, que desarrollan su fantasía e imaginación. En estos libros, el niño o adolescente encuentra un reflejo a sus problemas, comprueba que las circunstancias en las que se desenvuelven los protagonistas pueden ser muy cercanas a las suyas propias y se logra la identificación del lector con el protagonista u otros personajes.

Para el trabajo con niños y jóvenes tímidos utilizamos una serie de libros cuyo protagonista, o algún personaje relevante, presenta problemas de timidez, ansiedad social, miedo y/o incompetencia interpersonal.

A título ilustrativo, presentamos el resumen de dos libros:

Carlos el tímido de C. Wells.
Carlos es feliz jugando solo. La idea de participar en alguna actividad con otros niños le resulta insoportable. Pero enfrentado a una emergencia real demuestra que los niños tímidos son capaces de resolver problemas, y a veces hasta se convierten en héroes.
Protagonista: Carlos, un ratoncillo. Edad hasta 8 años. Tiene ilustraciones muy expresivas.

Tres amigos de M. Levoy.
Joshua, de catorce años, es un apasionado jugador de ajedrez. Pero también es sumamente tímido, y le resulta muy difícil lo que todos sus compañeros ya han conseguido: tener una amiga. Sin embargo, un fin de semana, tres alumnos muy diferentes entre sí se encuentran en una tienda y se dan cuenta de que les gusta estar juntos. Así comienza una amistad a tres. Pero pronto Joshua y Karen se enamoran y esta relación se vuelve más complicada: es el principio de una profunda crisis que nadie sabe, por el momento, cómo se resolverá...
Protagonistas: tres adolescentes.

Para lograr los mayores beneficios de la lectura, se aconseja lo siguiente:

1. El padre o madre lee el libro y considera si es adecuado para su hijo.

   — Hay que elegir aquellos libros con historias más positivas en las que el protagonista logra vencer y afrontar su timidez.
   — Ojo con las historias en las que hay un cambio milagroso y muy rápido y espectacular, ya que en este caso hay que comentar con el niño que esto sólo ocurre en los libros y en la fantasía; habitualmente las mejorías cuestan mucho más esfuerzo.

2. El niño tímido lee el libro individualmente; también lo pueden leer sus hermanos, la abuela...
3. Puesta en común de los sentimientos y de las reflexiones que cada uno ha ido sintiendo o extrayendo a lo largo de la lectura del libro. La lectura individual y personal del libro por parte de la niña o el niño tímidos es insuficiente y, en determinados casos, hasta puede resultar inadecuada. Es preciso complementarlo con diálogos, discusiones en familia, explicaciones complementarias y hasta dramatizaciones. Este diálogo e intercambio de opiniones puede hacerse mientras el niño está en el proceso de leer el libro. También puede completarse con distintas actividades en torno al libro.

«Cómo sería que, una vez, hasta se ensució los pantalones en clase, porque no se atrevió a pedir permiso a la señorita para ir al cuarto de baño. ¡Qué vergüenza pasó Molinete!».

«*Se comprende que Molinete tuviera muy pocos amigos, porque a nadie le gusta tener un amigo más soso. Algunos chicos se burlaban de él en los recreos, y le hacían versos*».

Estos párrafos, extraídos del libro titulado *Molinete* (pp. 7 y 8) del que es autora Pilar Mateos, pueden suscitar preguntas del siguiente tipo:

— *¿Qué ha pasado?, ¿qué ocurre en esta historia?, ¿cuál es el problema?*
— *¿Te ha pasado a ti alguna vez algo parecido?*
— *¿Conoces a alguien que le haya pasado algo parecido?*
— *¿Qué hace Molinete? ¿Por qué crees tú que hizo/dijo eso?*
— *¿Por qué pasó eso?*
— *¿Cómo crees que se siente Molinete?, ¿por qué?*
— *¿Qué harías tú si estuvieras en su lugar? ¿Qué más?*
— *¿Qué opinas de los compañeros de Molinete?*
— *¿Qué sentimientos te ha producido la lectura del libro?*

En el siguiente cuadro aparece una lista de algunos libros con personajes tímidos y/o con dificultades para relacionarse y también con modelos positivos. Están separados por la edad de lectura aconsejable de cada uno de ellos.

Libros de literatura infantil y juvenil
HASTA 8 AÑOS — Balzola, A. *Munia y el cocodrilo naranja*. Barcelona: Destino. — Browne, A. (1991). *Willy el tímido*. México: Fondo de Cultura Económica. — Carlson, N. (1990). *¡Me gusto como soy!* Madrid: Espasa Calpe.

— Carlson, N. *Nin Bailarina*. Madrid: Espasa Calpe.
— Hughes, S. (1990). *Andrés echa una mano*. Madrid: Altea.
— Lobe, M. *Berni*. Madrid: SM.
— Molina, M. I. *El héroe*. Madrid: Altea.
— Sempe. *Marcelino Pavón*. Madrid: Alfaguara.
— Towson, H. *La fiesta de Víctor*. Madrid: SM.
— Vázquez-Vigo, C. *Rosa Sosa*. Madrid: Magisterio.
— Wells, C. *Carlos el tímido*. Madrid: Espasa Calpe.

De 9 a 11 años
— Company, M. (1985). *Mi hermano mayor*. Barcelona: La Galera.
— Fox, P. *Gus, cara de piedra*. Barcelona: Noguer.
— García-Clairac, S. (1997). *El niño que quería ser Tintín*. Madrid: SM.
— Mateos, P. *Molinete*. Madrid: SM.
— Neuschafer, M. *Violín y Guitarra*. Madrid: Rialp.
— Pérez Lucas, M. D. *La pajarita sabia*. Madrid: Marfil.
— Schmidt, A. M. G. *Minusa*. Barcelona: Noguer.
— Talbot, M. (1992). *Roland, el vergonzoso*. Barcelona: Timun Mas.

Más de 12 años
— Haugen, T. *Hasta el verano que viene*. Madrid: SM.
— Kennemore, T. *Mañana es hoy, hoy es ayer*. Madrid: Alfaguara.
— Levoy, M. (1986). *Tres amigos*. Madrid: Alfaguara.
— Pressler, M. (1990). *Sólo hay que atreverse*. Madrid: SM.

Actividades de expresión

Se ha afirmado que las niñas y niños tímidos tienen dificultades para expresar sus sentimientos, emociones y opiniones, por lo que parece aconsejable plantear distintas actividades que ayuden a desarrollar estos aspectos deficitarios y/o inadecuados. Entre ellas se consideran las actividades de expresión corporal-oral, musical y manual.

a) *Actividades de expresión corporal-oral*

Son actividades de este tipo las marionetas, títeres, máscaras, caretas y las representaciones teatrales. A continuación enumeramos algunos ejemplos de ellas:

1. *Marionetas y caretas.* Las marionetas son elementos que motivan la comunicación y favorecen la expresión de sentimientos y la identificación con los personajes, sobre todo con niños pequeños.

    Así Rufino, un niño de 4 años muy tímido que no se atreve a responder cuándo le hablan y sin embargo sí contesta las preguntas que le hace «Pompón», un conejo-marioneta manejado por el hermano mayor, ¡aunque todavía lo hace en un tono muy bajo y casi sin levantar la mirada!

2. *Dramatización y mímica.* Consiste en dramatizar situaciones adoptando distintos papeles; además hay que cuidar la expresión facial y corporal.

    — Escribir y/o escenificar un diálogo entre una niña tímida y otro niño que le ayuda a superar la vergüenza.
    — Debes saludar a un chico de la otra clase y te da mucho apuro. Consigues poco a poco superarlo y lo haces bastante bien.

— Te acercas a hablar con el chico que te gusta y has estado estupenda; no se te ha notado nada lo nerviosa que estabas.
— Tus compañeros se burlan de ti porque te has puesto colorado al salir al encerado.
— Tu vecino, con el que vas al colegio todos los días, se ha ido hoy sin esperarte.
— Tu compañero de mesa te dice que eres un buen tío y que te enrollas muy bien.
— Has aprobado todo el curso, hasta las mates, que las tenías en duda.
— Te comunican que un amigo ha sufrido un grave accidente de coche.

También se pueden dramatizar trozos de libros de literatura infantil y juvenil que haya leído o revistan especial interés para el niño o adolescente.

3. *Historias y narraciones.* Invente, adapte y/o reinterprete historias de modelos positivos con protagonistas (que también pueden ser animales), que tienen características semejantes a su hijo, que tienen dificultades y conflictos, pero que, poco a poco, con esfuerzo, perseverancia y ayuda de los demás, salen adelante y van resolviendo los problemas y mostrando pensamientos, sentimientos y conductas positivas. Se pueden además ilustrar las historias con fotos, recortes de revistas o collages hechos en conjunto. Son aconsejables para niños entre 3 y 10 años.

También se puede inventar la historia entre todos. Hay que decir un par de frases cada uno y pasar el turno a la persona que está a la derecha. Empieza la madre:

> *Había una vez un niño de 7 años que vivía en una gran ciudad. El niño, que se llamaba Enrique, era muy tímido. Ocurrió un día que…*
>
> *En un pueblecito muy pequeño, había una vez una niña de 8 años, rubia, muy guapa y muy cariñosa que…* (y da el pase al que está a su derecha).
>
> *En un bosque cercano a la ciudad había una familia de conejos que vivía… El más pequeño era un conejo blanco, muy blanco que se llamaba…* (y dice el nombre del niño).

b) *Música, rimas y poesías*

Se incluyen en este epígrafe poesías, rimas, ripios y canciones, actividades que suelen resultar muy atrayentes y divertidas a los chavales.

Se pueden utilizar canciones y poesías cuya letra se refiera a algún tema adecuado para su hijo. En algunos casos los propios niños y niñas inventan las rimas y letras, como en los siguientes ejemplos.

Tranquilo majete
di a los nervios, ¡vete!

Si quieres con alguien charlar
y no te atreves a empezar
habla sin cortarte más
¡¡que alegría te dará!!

Mi timidez, es una pesadez
y mañana otra vez…
pero… contra la timidez
un poco de altivez.

«RAP DE LA TIMIDEZ»

No quiero ser tímida,
NO, NO, NO.

Quiero hablar con mis compañeros,
y estar siempre con ellos.

Yo quiero reír,
yo quiero bailar,
y que la vergüenza,
¡¡me deje ya en paz!!

No quiero ser tímida,
NO, NO, NO.

Voy a luchar,
me voy a esforzar,
y si no me sale...,
¡pues vuelvo a empezar!

No quiero ser tímida,
NO, NO, NO.

Ánimo tía,
lánzate ya,
no esperes más tiempo,
empieza a charlar.

c) *Manualidades*

En este tipo de actividades se incluyen dibujos, cómics, viñetas, recorte y pintura. Son ejemplos:

— Hacer un mural alusivo a alguno de los objetivos propuestos. Por ejemplo: «Yo me emociono».
— Completar viñetas que les damos dibujadas (o recortadas de periódicos y revistas), pero sin los textos en los bocadillos.
— Hacer un marcalibros con alguna frase o dibujo que recuerde al niño o niña tímida lo que tiene que hacer; por ejemplo una estrofa o un ripio de los anteriores.

Actividades de lápiz y papel

Incluimos en este apartado actividades que se realizan con lápiz y papel, aunque su objetivo no es la producción escrita ni gráfica, sino contribuir al logro de los objetivos propuestos. Son ejemplos de estas actividades las sopas de letras, fugas de vocales y crucigramas.

1. *Sopa de letras*

Busca las siguientes palabras:

— Tiene muchos amigos.
— Cuando hablo con otra persona, tengo que mirarla a ellos.
— Se me crispan y se me alteran cuando me retraigo.
— Chica que se corta mucho con los demás.
— Sinónimo de tímido.
— Qué siente el niño tímido.

E	C	A	T	M	A	M	N
S	O	C	I	A	B	L	E
O	R	S	M	A	S	I	R
J	T	M	I	E	D	O	V
O	A	L	D	L	A	P	I
E	D	R	O	R	O	G	O
A	O	T	O	X	O	U	S
Ñ	E	D	A	Y	U	M	O

Solución: Al final del libro.

2. *Fuga de vocales*

En el siguiente texto, han desaparecido las letras a, e y u. ¿Sabrías ponerlas en su sitio?

B-l-n -st- m-y cont-nt- porq-- -st- t-rd- -n -l p-rq-- s- h- -tr-vido - -c-rc-rs- - otr- niñ- y h-n j-g-do -n r-to j-nt-s. B-l-n pi-ns-: Lo h- cons-g-ido. ¡Soy -st-p-nd-!

Solución: Al final del libro.

3. *Crucigrama*

1. Saludo.
2. Persona con la que se está muy bien y a la que se le cuentan los secretos.
3. Se lo pido a mis amigos.
4. Cómo tengo que estar cuando me acerco a hablar a otros chicos.
5. Cómo tengo que estar cuando me acerco a hablar a otros chicos.
6. Sinónimo de querido.

Solución: Al final del libro.

Relajación

Uno de los aspectos más característicos del niño tímido, y que más sufrimientos le acarrea, es la ansiedad que sufre en las situaciones interpersonales. La ansiedad social dificulta y llega a bloquear su actuación.

Para la reducción de la ansiedad una estrategia que puede utilizarse en el contexto familiar es la relajación. El objetivo de la relajación es controlar las respuestas de activación orgánica que, de muy diversas formas, acompañan a niños y adolescentes tímidos.

En el trabajo con niños y niñas, se aconseja la utilización del «Método de relajación progresiva de Jacobson» que pretende que el sujeto sea consciente y aprenda a diferenciar entre tensión y relajación de los principales grupos musculares (brazos, cara...) de forma que llegue a controlar voluntariamente su estado de tensión-relajación. Se va trabajando de forma progresiva los brazos, manos, piernas, cabeza, tórax...

La secuencia de relajación aconsejada es la siguiente:

1. Tensar los músculos que se están trabajando (por ejemplo, manos) hasta su grado máximo.

2. Notar la sensación de tensión en los músculos que se han tensado.
3. Relajarlos.
4. Experimentar la agradable sensación de la relajación.

Hay que tener en cuenta que los niños no responden bien a la relajación, entendida desde el punto de vista de los adultos, es decir, echados con los ojos cerrados (¡¡esto genera mucha ansiedad en algunos niños!!), en inmovilidad y en silencio y a oscuras; es por lo que hacemos las siguientes recomendaciones que en nuestra experiencia con niños y adolescentes nos han resultado de utilidad.

— Realizar, previo a la relajación, algún ejercicio corporal como carrera, baile, moverse con música, ya que ello facilita el reconocer y detectar determinadas sensaciones corporales como son respiración agitada, latidos del corazón... y contrastar con la situación de quietud y tranquilidad.

— Trabajar áreas motoras grandes (las piernas) antes que las áreas más pequeñas (la frente).

— Utilizar modelado por parte del adulto; la madre tensa el brazo derecho y el niño lo observa y lo toca.

— Proporcionar instrucciones sencillas y cortas adaptadas al nivel de comprensión de cada niño, aludiendo a imágenes visuales, si es necesario.

— Proporcionar ayudas verbales y trucos: «*Eres un globo que se hincha... y después se deshincha rápida/lentamente*», «*estrujas un limón con la mano, ¡muy fuerte!; abres la mano y dejas caer el limón*», «*eres un gato perezoso que se estira y vuelve a quedarse tranquilo*», «*estás echado suavemente como un osito de peluche*».

— Cuando es posible, acompañar la relajación con visualización mental de imágenes relajantes y placenteras

y autoinstrucciones positivas (estás en un sitio muy agradable para ti; puede ser una playa, un prado, un bosque, la orilla de un arroyo...).
— Acompañar algunos ejercicios de relajación con música suave.
— En ocasiones es adecuado utilizar guía física, contacto físico, caricias e incluso masaje corporal.
— Utilizar algunos objetos (silbatos, molinillos...) para facilitar determinados ejercicios de respiración y relajación.
— Utilizar reforzadores sociales (*¡qué bien lo estás haciendo!*).
— Hacer varias sesiones diarias de corta duración.
— Hacer la relajación en distintas posiciones: sentado, de pie, tumbado o andando.
— Practicar los ejercicios de relajación fuera de la situación de entrenamiento, motivo por el que enseguida que el niño empieza a aprender la técnica, se le encargan tareas intersesiones. A niños a partir de 8 o 9 años, puede dárseles una cinta grabada con ejercicios de relajación para que lo practiquen en distintos momentos del día.

En todo el proceso de relajación, se concede bastante importancia a la *respiración*. Se trabaja la respiración profunda y abdominal de la siguiente manera:

1. Inspirar profundamente por la nariz, intentando hinchar el diafragma.
2. Mantener el aire en los pulmones durante unos segundos.
3. Expulsar el aire lentamente por la boca, simulando una sonrisa, mientras se dice la palabra RELAX o BIEN.

Con el tiempo, la respiración se revela muy importante sobre todo en momentos en que no hay tiempo de relajarse y la respiración, junto a autoinstrucciones y autolenguaje, puede ayudar mucho al niño o joven tímidos a afrontar situaciones interpersonales temidas.

Trabajo directo

Si quiere llevar a cabo una actuación más sistemática con su hijo tímido, le proponemos un modelo de entrenamiento y enseñanza directa de conductas y habilidades.

Esta estrategia implica una dedicación sistemática e intencional que cada familia ha de determinar de acuerdo a sus características, interés, tiempo disponible y necesidades del niño. De todas formas es aconsejable tener en cuenta las siguientes recomendaciones:

a) Es conveniente fijar un tiempo determinado al día o a la semana para dedicar, de forma especial, a este tema. Conviene hacerlo frecuentemente; es mejor hacer períodos cortos de diez o quince minutos diarios que períodos más largos, por ejemplo una hora, un día a la semana.

b) Hay que aprovechar oportunamente los muchos y variados momentos que se producen en la vida familiar y social y en los que, de forma espontánea y natural, se han de poner en juego las conductas y habilidades sociales que se están trabajando.

c) El lugar en el que se realice la enseñanza y la práctica «artificial» y donde se realicen los debates y los diálogos, conviene que sea un sitio tranquilo, sin interferencias. La práctica «oportuna» puede y debe realizarse en cualquier sitio donde se presente la oportunidad de relacionarse con otras personas.

d) El ambiente durante las actividades relacionadas con las conductas de interacción social ha de ser positivo, divertido y atrayente para el niño y para los otros miembros de la familia.

Esquema de actuación

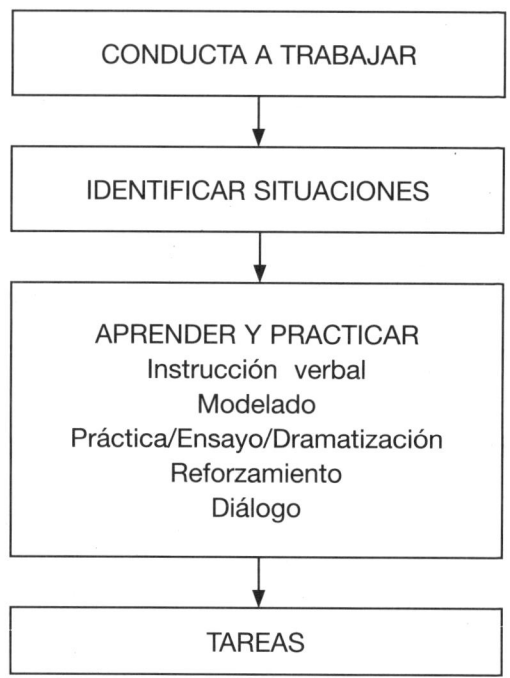

1. *Conducta a trabajar*

El primer paso es determinar qué conducta se va a trabajar. Esto lo ha decidido usted previamente en el apartado «Qué quiere conseguir: objetivos y habilidades». Por ejemplo: presentarse ante otras personas.

2. Identificar situaciones

Determinar e identificar situaciones diarias, en casa y fuera de ella, en que es adecuado, conveniente, necesario o imprescindible que su hijo ponga en práctica la habilidad de que se trate. Son situaciones relevantes para presentarse: cuando conoce a gente nueva, cuando inicia unas clase de inglés en una nueva academia...

3. Aprender y practicar

Para aprender la conducta se utilizan un conjunto de técnicas que son: modelado, instrucción verbal, práctica, refuerzo o recompensas, diálogo y tareas. Estas técnicas se explican mas detalladamente en el siguiente apartado.

El proceso de enseñanza es el siguiente: en primer lugar, el padre o la madre da unas indicaciones verbales de lo que ha de hacer y le muestra cómo ha de hacerlo; después el niño ha de practicar y ensayar la habilidad que ha observado y posteriormente, los padres alaban su actuación y elogian lo que va aprendiendo. También en algunos momentos se habla y se dialoga sobre la habilidad que se está enseñando.

4. Tareas

Finalmente se plantean unas tareas para que lo que acaba de practicar lo haga fuera de casa en otras situaciones y con otras personas.

Técnicas de enseñanza

Las principales técnicas que se utilizan en la enseñanza de las habilidades sociales a los niños son:

1. Instrucción verbal y modelado.
2. Práctica.
3. Recompensas.
4. Diálogo y debate.
5. Tareas.

1. *Instrucción verbal y modelado*

Esta técnica consiste en que el padre, la madre, los hermanos, familiares y/o amigos demuestran al niño cómo tiene que ejecutar la habilidad que tiene que aprender a la vez que le instruyen directamente y le dan indicaciones de cómo hacerlo. El padre hace de modelo y va explicando a su hijo lo que va haciendo mientras el niño observa cómo lo hace.

Ejemplo de modelado de la habilidad de saludar. El padre o la madre ejecutan delante del niño lo siguiente: «Esta mañana al ir a comprar a la tienda, me he encontrado con Pablo, el vecino de arriba, y le he saludado, me he acercado a él, le he mirado, le he sonreído y le he dicho: *"Buenos días Pablo, ¿qué tal estás?"*. Él me ha mirado, me ha sonreído y me ha contestado: *"Muy bien, ¿y tú?"*. *"Bien"*, le he contestado yo. Como se me hacía muy tarde para ir a trabajar, le he despedido».

2. *Práctica*

Después de que el niño ha observado cómo el padre, la madre o los hermanos han puesto en juego la conducta, ensaya y practica junto a ellos esa conducta. Esta práctica puede realizarse:

a) En situaciones «artificiales», es decir, en situaciones que los padres provocan y crean para que el hijo pueda ensayar las conductas. Se trata de hacer una dramatización o simulación de una situación en la que el niño tiene que poner en juego la habilidad. Por ejemplo, se simula que están en la calle y el niño se encuentra con algún compañero del colegio al que tiene que saludar. Cada miembro de la familia adoptará un papel determinado: un hermano es el compañero al que tiene que saludar y la madre es una amiga.

b) En situaciones naturales y normales de las que ocurren en la vida diaria de la familia. Por ejemplo, al llegar a casa, que es una situación propicia para saludar, se pide al niño que salude a los miembros de la familia que estén en el salón, o cuando salen de casa para ir al colegio por la tarde, tiene que mirar a la cara y saludar a los vecinos que se encuentran.

Para lograr un correcto aprendizaje, es conveniente que el niño practique la habilidad tan a menudo como sea posible y en distintas situaciones, con distintas personas, en distintos momentos del día y en distintos sitios.

3. *Recompensas*

La estrategia fundamental de la recompensa es que el padre o la madre dicen o hacen algo agradable al niño después de que éste ha practicado y ensayado correctamente las conductas que queremos enseñarle o cuando las ha puesto en juego en la situación adecuada. Está demostrado que la conducta que va seguida de una recompensa tiende a repetirse y ocurrirá más frecuentemente en el futuro. Si el padre elogia a su hija cada vez que ésta expresa bien su enfado, es más probable que la hija en una próxima ocasión en que esté enfadada, lo exprese aceptablemente. Por el contrario, cuando una conducta no va seguida de recompensa, se debilita y tiende a desaparecer.

Hay que tener en cuenta que cuando la conducta que ha realizado el niño no es completamente correcta, hemos de recompensar las mejorías que se aprecien, ¡aunque sean muy pequeñas!

Los principales tipos de recompensas que podemos utilizar con las niñas y niños son:

a) *Materiales.* Son las golosinas, chucherías, regalos o dinero. Este tipo de recompensas debe utilizarse en contadas ocasiones y en los casos en que el niño no responde a otro tipo de gratificaciones.

b) *Actividades.* Este tipo de recompensa implica que, después de que el niño ha realizado la conducta adecuada, se le permite hacer alguna actividad que le guste; por ejemplo, después de que la niña ha llamado por teléfono a un compañero de clase para ratificar los deberes de inglés, puede jugar al ordenador.

c) *Sociales.* Este tipo de recompensas consiste en que después de que el niño ha puesto en juego la habilidad correctamente le mostramos nuestra estima, atención e interés por medio de:

— Palabras y frases de elogio, halago, alabanza y aprobación. «¡*Muy bien, Óscar!, has iniciado estupendamente la conversación con Ana*». «¡*Fenomenal!, cómo me gusta ver lo bien que has saludado al señor Rodríguez en la farmacia*».
— Gestos: sonrisas, guiños, asentimiento de cabeza.
— Contacto físico: caricias, abrazos, besos, cosquillas.

Para que las recompensas que utilicemos sean efectivas debemos de:

- Dar la recompensa inmediatamente después de que el niño ha ejecutado la conducta.
- Recompensar al niño siempre y cada vez que ponga en juego la conducta que se está trabajando, sobre todo al principio del aprendizaje de una nueva habilidad.

- Utilizar recompensas que realmente sean efectivas para el niño; algo que realmente a él le guste, aunque a nosotros no nos guste o a otros niños no les parezca una recompensa.
- Informar y describir al niño por qué se le gratifica; por ejemplo: «*Muy bien, Rodrigo, has expresado muy claramente a tu hermana lo triste que estás por lo que ha hecho*».

4. *Diálogo y debate*

Esta técnica básicamente consiste en que la familia habla y dialoga sobre las conductas que se están trabajando. Suele ser un diálogo que gira entorno a los siguientes puntos: definición y descripción de la conducta, importancia y relevancia para el niño señalando las ventajas que conlleva la utilización de la habilidad y los inconvenientes y consecuencias de no disponer de ella, o de no ponerla en juego en las situaciones oportunas, personas y situaciones con las que es adecuado aplicarla.

Es importante que en estos diálogos participe toda la familia de forma que el niño comprenda que la habilidad que está aprendiendo es importante para él y para todos los demás. Al mismo tiempo, los hermanos se benefician de esta participación.

Es conveniente aprovechar para el diálogo algún rato familiar relajado y tranquilo y después del diálogo hacer alguna actividad en común que resulte agradable, como comer un postre, un juego de mesa, dar un paseo juntos o hacer una salida.

5. *Tareas*

El objetivo último es que el niño tímido integre en su repertorio conductual las conductas y habilidades recientemente adquiridas, de forma que las ponga en juego en los escenarios naturales. Una de las estrategias más adecuadas para lograrlo son las tareas o deberes.

Consiste esta técnica en el encargo al niño de que ponga en práctica en su entorno social natural (familia, amigas, vecindario del barrio o vivienda) las habilidades que está aprendiendo o las recientemente adquiridas, de modo que ensaye y practique la conducta-objetivo con distintas personas y en distintas situaciones, lo que facilita la transferencia y generalización de las conductas.

Es necesario tener en cuenta varios aspectos en relación a las tareas, ya que deben:

a) Ser precisas, sobre todo inicialmente y con niños pequeños o con especiales dificultades; hay que delimitar claramente dónde, con quién, cómo y cuándo va a poner el niño en práctica en su vida real los comportamientos recién aprendidos. En los próximos días Alí tiene que saludar a las niñas y niños que se encuentre cuando vaya o venga del colegio. Durante esta semana, Montse tiene que contar algo de ella cuando sale del cole y va para casa con dos compañeras.

b) Ser lo más personalizadas e individualizadas; siempre que sea posible, el niño planificará él mismo sus tareas señalando qué, cuándo y cómo va a realizarlas.

Tengo que pedir un favor; se lo pediré a mi hermana. ¿Qué voy a hacer?: pedir un favor, ¿con quién?: con mi hermana, ¿cuándo y dónde?: iré a su habitación antes de acostarse y..., ¿cómo?: la saludaré cariñosamente y...

c) Ajustarse a las habilidades del niño para que, sobre todo al principio, pueda garantizarse el éxito de la experiencia que le servirá como reforzador natural y aumentará su autoconfianza. A veces es necesario preparar a las personas con las que el niño va a practicar sus tareas a fin de asegurar un resultado positivo que será crucial para posteriores intentos; así, se avisa a la abuela para que refuerce generosamente a Ana cuando le diga un elogio o alabanza.

d) Comentarse después de realizadas y que el niño haga un informe de lo que hizo, cómo lo hizo, con quién y qué dificultades encontró.

¿Qué hiciste?, ¿con quién?..., ¿por qué dices que lo hiciste regular?, ¿qué cosas te han salido mal?, ¿qué cosas te han salido bien?, ¿qué vas a procurar hacer la próxima vez que intentes... (poner en juego la habilidad)?, ¿cuándo lo vas a intentar?

Comentarios finales

¡Enhorabuena!, ha llegado al final del libro. Esperamos que la lectura y las actividades sugeridas (tareas, reflexiones...) le hayan resultado interesantes y que lo aprendido pueda serle de utilidad en el propósito de ayudar a su hijo tímido.

Le invitamos a que siga aplicando lo aprendido poco a poco, con prudencia y empezando con sencillas metas, pero siempre con buena actitud, ánimo, entusiasmo y expectativas positivas de que las cosas van a ir bien. ¡Disfrute en el proceso!

Por supuesto que ha de tener paciencia, constancia y persistencia ¡no se desaliente!, los cambios no se producen milagrosamente, pero tenga la seguridad de que sí se producen.

Su hijo tímido se lo agradecerá. Y además ¿qué mejor recompensa que haber contribuido a mitigar el sufrimiento y mejorar la calidad de las relaciones interpersonales de su hijo?

Soluciones de las tareas

Capítulo 1

1.ª. Sopa de letras

					A										
				D		R			R	E	S	E	R	V	A	D	A
			A			E									
		C				T			A						
	O		I	N	T	R	O	V	E	R	T	I	D	O	
P			N			A		E				S			
A			S			I		R				L			
			O			D		G					A		
			C			A		O						D	
			I					N							A
A			A					Z				O			
S			B					O				S			
O			L					S			O	O			
L			E					A		L		L			
E									I			E			
T								T				C			
U								A				E			
A						R		O	D	A	T	R	O	C	
C			I	N	H	I	B	I	D	O					
					A										

Soluciones: Receloso, reservada, inhibido, retraída, apocada, vergonzosa, cortado, aislada, solitaria, introvertido, insociable, cautelosa.

3.ª. Verdadero (V) o falso (F)

Soluciones: 1:V; 2:V; 3:V; 4:F; 5:F; 6:V.

Capítulo 3

3.ª. Palabras cruzadas

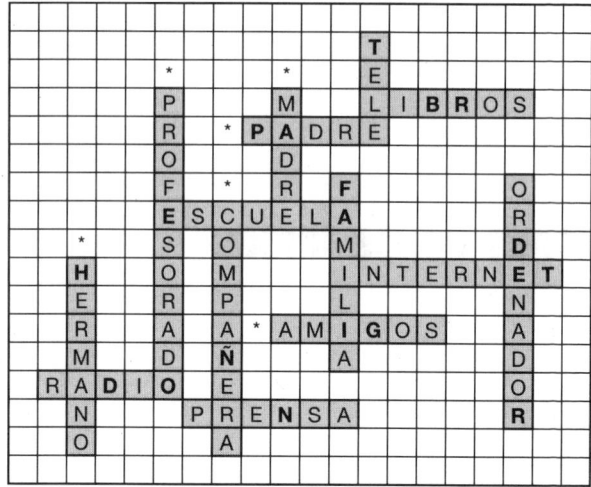

Soluciones: Hermano, profesorado, escuela, madre, tele, padre, familia, amigos, libros, internet, ordenador, prensa.

4.ª. Mensaje secreto

Solución: Me gusta sentirme querida, valorada, aceptada, protegida y respetada.

Capítulo 4

1.ª. Frases incompletas

Soluciones: Entorpece, causa, baja / bajo, víctimas, consecuencia.

Capítulo 5

1. Sopa de letras

Solución: Sociable - Ojos - Nervios - Tímido - Cortado - Miedo

2. Fuga de vocales

Solución: Belén está muy contenta porque esta tarde en el parque se ha atrevido a acercarse a otra niña y han jugado un rato juntas. Belén piensa: Lo he conseguido. ¡Soy estupenda!

3. Crucigrama

Solución: 1: Hola. 2: Amigo. 3: Favor. 4: Tranquilo. 5: Relajado. 6: Amado

Lecturas recomendadas

Girodo, M. (1980). *Cómo vencer la timidez.* Barcelona: Grijalbo.

Es una obra clásica en la que se abordan los principales problemas que sufre una persona tímida y se ofrecen principios, técnicas y ejercicios para superarla.
Se centra en la timidez en adultos.

Monjas, M.ª. I. (2001). *La timidez en la infancia y adolescencia: Evaluación, tratamiento y prevención.* Madrid: Pirámide (1.ª ed., 1.ª reimp.).

Es una obra dedicada a la descripción, evaluación e intervención en la timidez.

Está dirigida fundamentalmente a profesionales y profundiza en el diagnóstico y la evaluación de la conducta tímida y retraída, presentando distintos instrumentos de evaluación que se utilizan para estas edades. Aborda ampliamente la intervención en la timidez y describe con detalle las principales técnicas a utilizar con esta población.

Monjas, M.ª. I. (2002). *Programa de enseñanza de habilidades de interacción social (PEHIS) para niños y adolescentes.* Madrid: CEPE (1.ª ed., 6.ª reimp.).

Este programa que comprende treinta habilidades sociales, se aplica en Educación Infantil, Primaria y Secundaria.

Está diseñado para enseñar habilidades sociales en dos contextos, escolar y familiar, por lo que incluye material de trabajo tanto para el profesorado como para la familia.

Shapiro, L. E. (2001). *La inteligencia emocional de los niños. Una guía para padres y maestros.* Barcelona: Suma de Letras.

Como su título indica, este libro se centra en la descripción de la inteligencia emocional en la etapa infantil y ofrece valiosas orientaciones de actividades y juegos a realizar para desarrollarla.

Trianes, M.ª. V. (1999). *Estrés en la infancia. Su prevención y tratamiento*. Madrid: Narcea.

Este libro se centra en el estudio del estrés en la etapa infantil y analiza acontecimientos que suponen estrés para el niño en el contexto familiar, escolar, con los iguales y respecto a la salud. Proporciona consejos útiles para enseñar al niño a afrontar el estrés.

Zimbardo, P. G., y Radl, S. L. (2001). *El niño tímido. Superar y prevenir la timidez desde la infancia*. Buenos Aires: Paidós.

Esta obra, recientemente reeditada después de haber estado varios años descatalogada, puede considerarse un «clásico» en este tema ya que la versión original data de 1981.

Ofrece un interesante análisis de la timidez y aporta orientaciones para tratar la timidez en las distintas edades: preescolar, primaria y adolescencia.

Es una lástima que en algunos planteamientos, como cuando habla del castigo físico o las relaciones entre chicos y chicas, sus contenidos resultan un poco antiguos, lejanos e incluso inadecuados.

Literatura infantil y juvenil

Balzola, A. *Munia y el cocodrilo naranja*. Barcelona: Destino.
Browne, A. (1991). *Willy el tímido*. México: Fondo de Cultura Económica.
Carlson, N. (1990). *¡Me gusto como soy!* Madrid: Espasa Calpe.
Carlson, N. *Nin Bailarina*. Madrid: Espasa Calpe.
Company, M. (1985). *Mi hermano mayor*. Barcelona: La Galera.
Fox, P. *Gus, cara de piedra*. Barcelona: Noguer.
García-Clairac, S. (1997). *El niño que quería ser Tintín*. Madrid: SM.
Haugen, T. *Hasta el verano que viene*. Madrid: SM.
Hughes, S. (1990). *Andrés echa una mano*. Madrid: Altea.
Kennemore, T. *Mañana es hoy, hoy es ayer*. Madrid: Alfaguara.
Levoy, M. (1986). *Tres amigos*. Madrid: Alfaguara.
Lobe, M. *Berni*. Madrid: SM.
Mateos, P. *Molinete*. Madrid: SM.
Molina, M. I. *El héroe*. Madrid: Altea.
Neuschafer, M. *Violín y Guitarra*. Madrid: Rialp.
Pérez Lucas, M. D. *La pajarita sabia*. Madrid: Marfil.
Pressler, M. (1990). *Sólo hay que atreverse*. Madrid: SM.
Schmidt, A. M. G. *Minusa*. Barcelona: Noguer.
Sempe. *Marcelino Pavón*. Madrid: Alfaguara.
Talbot, M. (1992). *Roland, el vergonzoso*. Barcelona: Timun Mas.
Towson, H. *La fiesta de Víctor*. Madrid: SM.
Vázquez-Vigo, C. *Rosa Sosa*. Madrid: Magisterio.
Wells, C. *Carlos el tímido*. Madrid: Espasa Calpe.